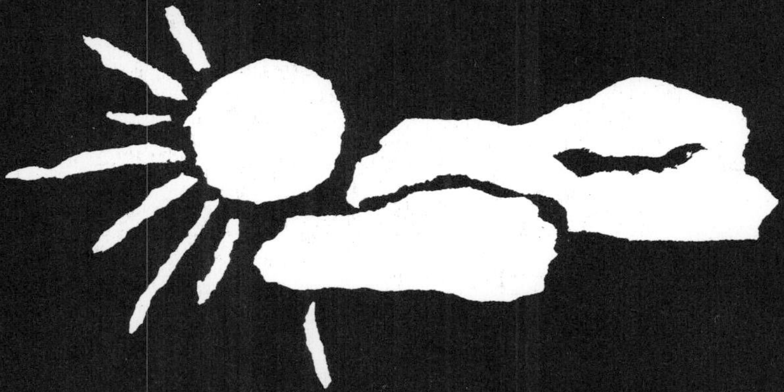

Schminken und Verkleiden

Ursula Barff (Hrsg.): Lauter tolle Sachen, die Kinder gerne machen

Wilma Stelzhammer · Brigitte Schrattenecker

Schminken und Verkleiden
rund ums Jahr

FALKEN

INHALT

Vorwort

Haben sich die Kinder schon wieder mit Mutters teuren Schminkutensilien beschäftigt oder den Kleiderschrank etwas in Unordnung gebracht, weil sie „Modenschau“ spielen wollen?
Es besteht kein Grund, sich darüber zu wundern oder sich gar zu ärgern, denn es gehört zur normalen Entwicklung der Kinder, daß sie spielerisch in fremde Rollen schlüpfen. Diese Rollenspiele tragen dazu bei, die eigene Persönlichkeit zu festigen und sich mit den alltäglichen Dingen der Umwelt auseinanderzusetzen.
Die Erwachsenen sollten deshalb diese überaus interessante und wichtige Beschäftigung nicht verbieten, sondern die schöpferische Kreativität, die die Kinder beim Schminken und Verkleiden entwickeln, gezielt fördern. Zudem werden manche Erwachsenen erstaunt darüber sein, wieviel Geduld ihre Jüngsten aufbringen, wenn sie sich ganz nach eigenen Vorstellungen verwandeln dürfen.
Am unproblematischsten und äußerst anregend sind solche Aktionen, wenn man rechtzeitig spezielle (preiswerte) Wasserschminke (Naßschminke) besorgt hat, mit der sich die Kinder nach Herzenslust anmalen können Sie läßt sich ohne spezielle Mittel, sondern einfach mit Wasser und Seife von Haut, Haaren und Kleidung entfernen. Und was das Verkleiden betrifft: Es ist ratsam, nicht alle alten Kleidungsstücke wegzuwerfen oder in eine Kleidersammlung zu geben, sondern sie in einem Koffer oder einer Kiste zu sammeln. Dann ist immer genügend Material für Verkleidungsspiele vorhanden, ohne daß man um seine „guten Stücke“ im Kleiderschrank bangen muß.
Weil Schminken und Verkleiden nicht nur in der Faschingszeit für gute Laune sorgt, haben wir in diesem Buch etliche Schmink- und Verkleidungsideen zu zahlreichen anderen Themenbereichen und für verschiedene Anlässe zusammengestellt. Kurzum, man findet hier Vorschläge für interessante Kinderbeschäftigungen rund ums Jahr. Angereichert ist alles durch passende Spiele, Lieder, Reime und Bastelvorschläge, verbunden mit mancher Anregung für Gruppenaktivitäten. So wird beispielsweise auch das Vorbereiten eines Kindergeburtstags zum Kinderspiel.
Sämtliche Vorschläge sind Schritt für Schritt erklärt und bebildert, zusätzlich helfen viele Tips und Tricks, daß alles ohne Schwierigkeiten und mit viel Vergnügen nachgemacht werden kann. Und ganz nebenbei entdecken die Kinder nicht nur ihre eigene Kreativität, sondern sie entwickeln gleichzeitig ihr Gefühl für Farben und Formen. Wir wünschen Ihnen und den Kindern viel Spaß dabei!

Wilma Stelzhammer
Brigitte Schrattenecker
Ursula Barff (Hrsg.)

Tips für ein gutes Gelingen

Obwohl Schminken und Verkleiden für Kinder spontane Tätigkeiten sind, möchten wir Ihnen – bevor es losgeht – noch einige Hilfen mit auf den Weg geben, damit Sie als erwachsene Betreuer für den „Ernstfall" gewappnet sind. Diese nützlichen Tips und Tricks aus der Praxis für die Praxis können hier etwas ausführlicher sein als die schnell informierenden Auflistungen neben allen Anleitungen.

Die Schminkfarben

Das Wichtigste und Interessanteste beim Schminken sind die Farben, mit denen man sich das Gesicht so herrlich bunt anmalen kann. Wir empfehlen für unsere Zwecke spezielle Theaterschminken, etwa von Kryolan.

Zum einen gibt es die für Kinder besonders geeignete wasserlösliche Schminke (**Wasserschminke** oder **Naßschminke** genannt) und zum anderen sogenannte Fettschminke, die wir jedoch für dieses Buch nicht verwendet haben. Denn sie wird mit einer ölhaltigen Basissubstanz hergestellt, sollte nach dem Auftragen abgepudert werden und ist zum Schluß nur mit speziellen Mitteln zu entfernen. Außerdem lassen sich die Farbtöne vor dem Auftragen schlecht mischen.

Die wasserlösliche Schminke hingegen zeichnet sich durch einen großen Vorteil aus: Sie läßt sich problemlos mit Wasser und Seife von der Haut entfernen und auch aus den Haaren auswaschen. Sollte mal ein Farbklecks auf die Kleidung kommen, ist auch das kein Problem: Bei der nächsten Wäsche geht die Farbe wieder heraus.

Auftragen kann man diese weitgehend wischfeste Naß- oder Wasserschminke mit einem leicht feuchten Schwämmchen oder einem Pinsel.

Die Farbtöne sind gut mischbar, ähnlich wie die Wasserfarben in Schulmalkästen, so daß zunächst folgende Töne genügen: Weiß, Schwarz, Gelb, Rot, Blau und Grün. Es werden im Handel übrigens komplette **Farbkästen** angeboten (auch **Schminkpaletten** genannt), etwa die Aquacolor-Naßschminke von Kryolan, die auch wir verwendet haben (Bezugsquellen: siehe Seite 110). Haben die Kinder sehr viel Spaß am Schminken, kann die Grundausstattung durch weitere (Einzel-)Farben ergänzt werden.

Wasser- oder Naßschminke ist gut hautverträglich. Trotzdem sollte man vor dem Schminken einen kleinen Test machen: Streichen Sie etwas Farbe auf das innere Handgelenk, und kontrollieren Sie nach etwa 40 bis 60 Minuten, ob eine allergische Reaktion sichtbar ist.

Andere handelsübliche **Kosmetik** (Rouge, Lippenstift, Lidschatten und so weiter) haben Sie vielleicht im Haus. Glitterspray und sonstige **Effektmaterialien** sind bei den einzelnen Anleitungen aufgeführt.

Weitere Schminkutensilien

Zum Auftragen der Schminkfarbe, vor allem für kleine Flächen, Linien oder Tupfen, reichen zunächst einfache **Pinsel aus Naturhaar** aus, die auch zum Malen mit Wasserfarben genommen werden. Es ist ratsam, sich drei verschieden dicke Pinsel bereitzulegen. Genauer kann man mit den teureren Synthetik- oder Mischhaarpinseln malen. Profis bevorzugen hochwertige und kostspielige Echthaarpinsel (etwa Rotmarderhaar), die aber für unsere Zwecke nicht nötig sind.

Zum Ausspülen der Pinsel sollte stets ein **Glas mit Wasser** bereitstehen; **Zellstofftücher** sind unentbehrlich zum Abstreifen der nassen Pinsel und helfen auch bei kleinen Schminkkorrekturen – man muß dann nicht alles abwaschen.

Sollen hingegen große Hautpartien eingefärbt werden (Gesichtsgrundierung, Wangenrouge oder ähnliches), erzielt man mit einem speziellen **Schminkschwämmchen** das gleichmäßigste Ergebnis. Solche weichen, runden Schwämmchen gibt es in Drogeriemärkten, Kosmetikstudios und sicherlich auch dort, wo die Schminkfarbe erhältlich ist. Sie lassen sich problemlos in einer kleinen **Schüssel mit Wasser** reinigen. Man kann die Schwämmchen sogar hin und wieder in der Waschmaschine bei 60 °C mitwaschen.

Wer lange Haare oder einen Pony hat, sollte sich vor dem Schminken die Haare aus dem Gesicht binden. Am besten eignet sich dazu ein breites **Stirnband**. Natürlich wird auch ein **Spiegel** benötigt. Dieser sollte aufgestellt oder -gehängt werden können, damit man beide Hände frei hat. Hilfreich ist ein **altes Oberhemd** oder ein **Kittel** zum Schutz der Kleidung. Der Tisch wird mit **Zeitungspapier** abgedeckt, und ein **Handtuch** saugt bei einem Mißgeschick das verschüttete Wasser auf.

Der Arbeitsablauf beim Schminken

1. Der Tisch wird mit Zeitungspapier abgedeckt. Darauf breitet man alle benötigten Materialien aus. Ein Spiegel sollte vorhanden sein.

2. Damit alle Hautpartien die Farbe gleichmäßig annehmen, ist es ratsam, das Gesicht vorher gründlich zu waschen.

3. Gegebenenfalls werden die Haare zurückgebunden, ein Kittel (Oberhemd) schützt die Kleidung.

4. Nun kann's losgehen! Spezielle Schminkanregungen finden Sie natürlich in den einzelnen Anleitungen. **Wichtige allgemeine Tips** sind hier für Sie zusammengefaßt:

– Beim Schminken beginnt man immer mit den größten Flächen, etwa mit der Grundierung; dann folgen die mittelgroßen Partien (Rouge, Schattierungen), und anschließend werden erst feine Linien, Punkte oder Glanzlichter aufgetragen.

– Das Schwämmchen darf nicht zu naß sein (gut ausdrücken), sonst wird die Farbfläche fleckig.

– Der Pinsel darf ebenfalls nicht zu naß und die Farbe nicht zu flüssig sein, sonst verlaufen die gemalten Linien sofort.

– Die empfindlichen Kinderaugen sollten von einem Erwachsenen geschminkt werden.

– Nur wenn man Pinsel oder Schwämmchen nach jedem Farbauftrag gut ausspült, bleiben die Farbnäpfchen sauber.

5. Ist schließlich die Wasser- oder Naßschminke getrocknet, reibt man ganz sanft mit einem weichen Tuch oder mit der Hand darüber.

6. Sollen die Haare ebenfalls gefärbt werden, so ist nach dem Schminken der richtige Zeitpunkt dafür (mit herauswaschbarer Wasserschminke).

7. Wer lange Freude an seinen Schminkutensilien haben will, sollte sie nach jedem Einsatz gesäubert und möglichst trocken in den Schrank legen.

Das Nachschminken der Vorschläge

Speziell für dieses Buch wurden die einzelnen Schminketappen fotografiert und beschrieben. Man bedenke aber, daß hier eine professionelle Maskenbildnerin zur Verfügung stand. Das bedeutet: Kinder werden sicher je nach Alter, Geschick und Phantasie die einzelnen Schritte anders umsetzen, so daß das Ergebnis nie genauso ausfallen wird wie der Vorschlag im Buch.

Und das ist auch gut so. Kein Kind muß enttäuscht sein, wenn sein selbstgeschminktes Gesicht oder die Verkleidung anders wirkt. Selbst eine professionelle Maskenbildnerin hat mitunter Schwierigkeiten, zweimal die gleiche Maske zu gestalten. Auch darf nicht vergessen werden, daß jedes Gesicht von individuellen Zügen und Proportionen geprägt ist. Eigene Ideen sind durchaus erlaubt, und helfen sollte ein Erwachsener aber nur dann, wenn das Kind es ausdrücklich wünscht.

Nichts erzwingen wollen

Es gibt Kinder, die sich am liebsten täglich schminken, andere mögen so etwas jedoch gar nicht. Zwingen Sie solche Kinder keinesfalls zu solchen Aktivitäten. Vielleicht haben sie mehr Spaß am Verkleiden, oder sie nehmen auch „unverwandelt" am gemeinsamen Spiel teil.

Auch ist es nicht so schlimm, wenn das Kind beschließt, daß es mit seiner Verwandlung fertig ist, obwohl noch einige Details „fehlen". Da sich die Kinder in der Regel nicht stur an die Vorlage halten wollen, gibt es im Prinzip auch keine „verunglückte" Maske. Selbst wenn die Bemalung überhaupt nicht gelingen will, kann man immer noch ein „Monstergesicht" daraus machen. Ist das Kind aber absolut nicht zufrieden, läßt sich die Farbe schnell mit Wasser und Seife abwaschen, und es kann neu beginnen.

Abpausen leicht gemacht

Zu verschiedenen Schmink- und Verkleidungsvorschlägen in diesem Buch können einige Requisiten selbst gebastelt werden. Wo nötig, wurden dafür einige exakte Formen auf dem beiliegenden **Vorlagebogen** abgedruckt.

Es gibt im Prinzip verschiedene Möglichkeiten, solche Muster auf das jeweilige Bastelpapier zu übertragen, doch für unseren Fall ist die Verwendung von **Pauspapier** am geeignetsten.

Pauspapier gibt es in Schwarz und in Weiß oder Gelb. Schwarzes – auch Kohlepapier genannt – erhält man im Schreibwarengeschäft, weißes oder gelbes wird in Bastel- oder Handarbeitsgeschäften angeboten. (etwa großformatiges Schneiderkopierpapier). Gerade die hellen Sorten sind wichtig, wenn man die Vorlage auf dunklen Untergrund übertragen möchte. Alle Pauspapiersorten können oft verwendet werden; erst wenn die Beschichtung abgenutzt ist, nimmt man einen neuen Bogen. Die **Arbeitsschritte:**

1. Unten liegt das Papier, auf das die Vorlage übertragen werden soll. Darauf kommt das Pauspapier, und zwar mit der färbenden Seite nach unten. Darüber liegt das abzupausende Muster, etwa der Vorlagebogen.

2. Damit beim Abpausen nichts verrutscht, hält man die drei Blätter am besten mit Büroklammern zusammen.

3. Sobald mit einem Bleistift die Linien der Vorlage sorgfältig und kräftig nachgezogen werden, übertragen sie sich direkt auf die untere Schicht.

4. Bevor man das Pauspapier schließlich wegnimmt, kontrolliert man, ob auch keine Linie vergessen wurde – und schon ist die durchgepauste Form auf dem Bastelpapier fertig zum Ausschneiden!

FRÜH

Aus eisigem Schlaf erwacht die Welt,
wenn der Frühling Einzug hält.
Schmetterlinge, Blumenkinder und Vögelein
sich an der wärmenden Sonne erfreun.
Kommt, wir reichen uns die Hände
und tanzen Reigen ohne Ende.
Denn draußen trifft sich groß und klein
zum Spielen, Toben und Fröhlichsein.

LING

KLEINES BLUMENKIND

Alter
ab 3 Jahre
Zeit
etwa 5 Minuten
Material
Schminkschwämmchen
Teller mit etwas Wasser
rote Wasserschminke

BUNTER BLUMENKRANZ

Alter
ab 5 Jahre
Zeit
etwa 25 Minuten
Material
verschiedene Blumen
Gräser
dünner Bindfaden
Schere

Kleines Blumenkind

Der Tanz in den Mai wird auch heute noch in vielen Gegenden nach überliefertem Brauchtum begangen. So gehört es teilweise auch dazu, daß sich junge Mädchen frische Blumen ins Haar stecken oder einen Blumenkranz aufsetzen.
Heute soll ein Fest veranstaltet und der Frühling begrüßt werden. Während die Jungen frische Birkenzweige mit bunten Bändern schmücken, flechten sich die Mädchen kleine Blumenkränze. Raffaela hat sich einen schönen großen Kranz gebunden und nimmt als Blumenkind am Maientanz teil.

1. Wir machen unser Schminkschwämmchen naß und drücken es gut aus, damit die Farbe nicht zu wäßrig wird. Dann entnehmen wir mit dem Schwämmchen etwas rote Wasserschminke und tupfen sie auf die Wangenknochen. So erhalten wir schöne rote Bäckchen.

2. Das wichtigste Requisit für ein Blumenmädchen ist natürlich der Blumenkranz (Anleitung rechts). Wie man ein Blumenkleid selbermacht, steht auf Seite 16.

Bunter Blumenkranz

Es gibt verschiedene Möglichkeiten, einen Blumenkranz zu binden. Hier wird eine Variante vorgestellt, für die sich fast alle Blumen und Gräser eignen und nach der auch ein richtig dicker Kranz hergestellt werden kann. Die Auswahl der Blumen richtet sich nach dem Angebot in den Gärtnereien oder der Blumenbeete im eigenen Garten.

1. Zunächst müssen wir genügend Blumen, möglichst mit Stiel, pflükken. Dann bündeln wir immer 4 bis 6 Stück mit verschiedenen Gräsern zu kleinen Sträußchen.

2. Damit die einzelnen Blumen nicht herausrutschen, werden die Stiele unterhalb der Blüten mit einem Bindfaden zusammengehalten. Um besser weiterarbeiten zu können, kürzen wir die Stiele unterhalb der Bindestelle auf eine Länge von etwa 5 bis 7 cm.

3. Die einzelnen Sträußchen reihen wir nun aneinander und binden sie mit dem Bindfaden fest zusammen. So viele Sträußchen verbinden, bis der Blumenkranz genügend groß ist, anschließend noch Kranzanfang und -ende miteinander verbinden. Dies ist nicht ganz einfach, ein Erwachsener darf ruhig helfen.

Wir tanzen Reigen

Der Reigen ist eine uralte Tanzform, die heute (da aus der Mode gekommen) kaum noch von Erwachsenen getanzt wird. Bei diesem Reihentanz folgt eine größere Anzahl von singenden Tänzern einem Vortänzer und -sänger.
Beim Reigen spielt es keine Rolle, ob die Tänzer sich an den Händen fassen (es entsteht eine lange Kette) oder ob sie paarweise hintereinanderherhüpfen. Besonderen Spaß macht es, wenn der Reigen um ein mit lauter bunten Bändern geschmücktes Bäumchen getanzt wird.
Es gibt ein schönes Lied, das für den ersten Reigentanz geeignet ist, da sich die Mädchen ja bestimmt alle ihren Blumenkranz gebunden haben. Andere typische Reigenlieder sind zum Beispiel: „Ringel, Ringel, Reihe“ oder „Heißa, Kathreinerle“ oder „Jetzt fängt das schöne Frühjahr an“.

WIR TANZEN REIGEN

Alter
ab 3 Jahre
Teilnehmer
mindestens 6, besser jedoch 8 Kinder
Lied
Kranz wolln wir binden

überliefert

Flieg, Schmetterling, flieg

FLIEG, SCHMETTERLING, FLIEG

Alter
ab 4 Jahre
Zeit
etwa 10 Minuten
Material
breites Stirnband
Wasserschminke in Schwarz, Gelb, Rot und Blau
Schminkpinsel
Glittercreme
Wasserglas

Es gibt wohl kaum ein Kinder- oder Bastelbuch, in dem der Schmetterling nicht in irgendeiner Art vorkommt. Dieses kleine Tier fasziniert sicher nicht nur durch seine Farbenpracht und die Leichtigkeit, mit der es von Blüte zu Blüte fliegt.
Für Kinder höchst interessant ist auch die Entwicklung von Schmetterlingen. Entsteht doch aus einer unscheinbaren Raupe zunächst eine „Puppe" und aus dieser erst der bunte Schmetterling. Wie aus Sabine ein schöner Schmetterling wurde, ist auf den Fotos zu sehen.

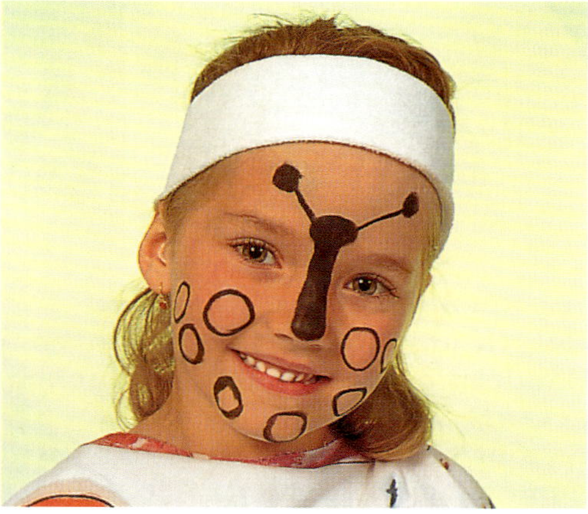

1. Zuerst binden wir uns die Haare mit einem Stirnband aus dem Gesicht, damit sie beim Schminken nicht stören.

2. Auf den Nasenrücken und die Stirn malen wir mit einem Pinsel und schwarzer Wasserschminke einen Schmetterlingskörper mit Kopf und Fühlern, aber ohne Flügel. Das restliche Gesicht soll die Flügel darstellen. Die Augen zieren die oberen Flügelteile, auf die Wangen und das Kinn gemalte Kreise das untere Flügelpaar.

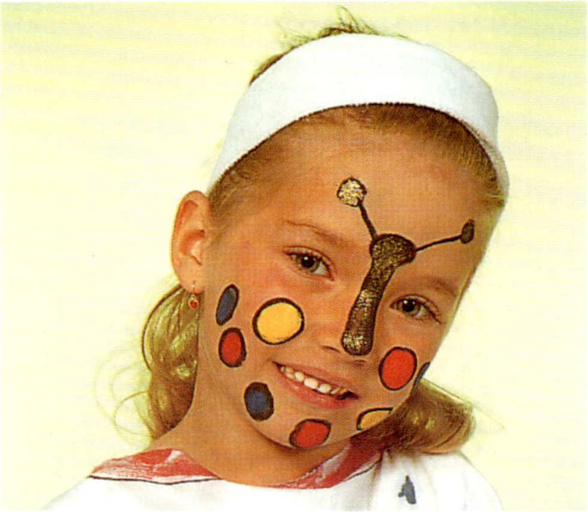

3. Nun noch mit Wasserschminke die Kreise bunt ausmalen. Etwas Glittercreme auf dem Schmetterlingskörper läßt den kleinen Falter noch edler aussehen.

4. In die Haare kneten wir mit leicht angefeuchteten Fingern verschiedene Farben Wasserschminke. Damit ist unser Schmetterling perfekt. Bis auf das Kleid; wie man es leicht selbermacht, steht auf Seite 17.

Serviettenfalter

Für das Frühlingsfest fehlen bestimmt noch einige kleine, ganz zarte Falter als Tischdekoration oder als Schmuck für das Maienbäumchen. Zunächst bastelt jedes Kind seinen eigenen Schmetterling. Wenn viele Falter benötigt werden, so lassen sie sich auch nach dem Prinzip der Fließbandarbeit herstellen.

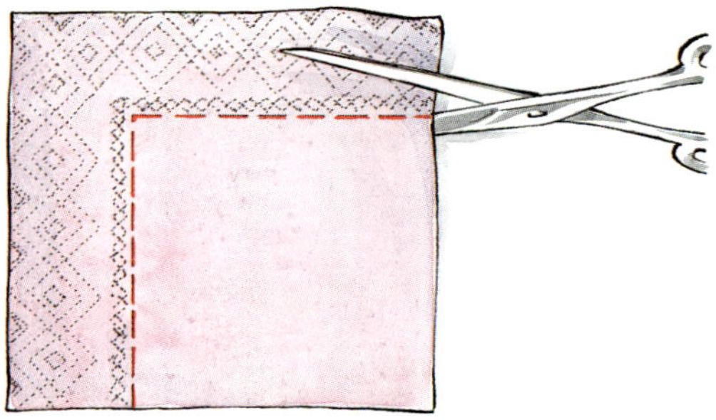

1. Wir nehmen von jeder Farbe eine Serviette. Damit wir sie in ihre einzelnen Lagen zerlegen können, schneiden wir jeweils die Stanznaht ab. Anschließend die Serviette auseinanderfalten und einmal quer durchschneiden. Die Lagen nun vorsichtig auseinanderziehen.

2. In bunter Reihenfolge, ganz nach persönlichem Geschmack, legen wir 6 bis 8 dünne Serviettenlagen bündig übereinander.

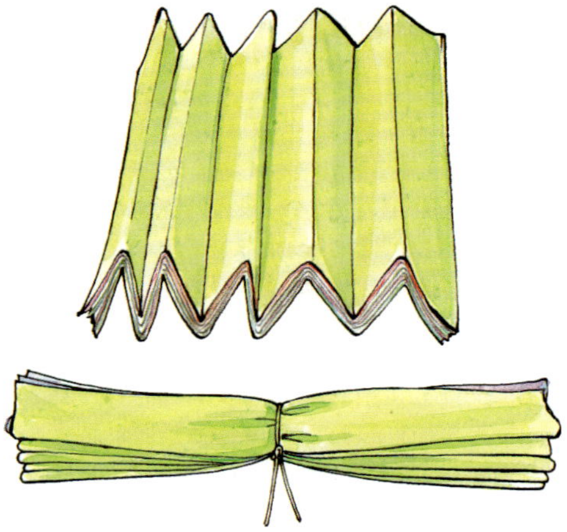

3. Dieses neue Vlies wird zur Ziehharmonika gefaltet und in der Mitte mit einem Faden abgebunden.

4. Den Pfeifenputzer um die abgebundene Mitte wickeln und die Enden zu Fühlern umbiegen. Fertig ist unser zarter, farbenfroher Schmetterling.

SERVIETTENFALTER

Alter
ab 4 Jahre
Zeit
etwa 10 Minuten
Material
Mehrlagige Zellstoffservietten in drei verschiedenen Farben
Faden
Schere
Pfeifenputzer

Blumiges Kleid

BLUMIGES KLEID

Alter
ab 7 Jahre
Zeit
etwa 1 Stunde
Material
weißes Bettlaken (für ein Einzelbett)
Maßband
Schere
Stoffkleber
Zeitungen oder Folie zum Abdecken
dicker schwarzer Filzstift
Wasserfarben oder Stoffmalfarben
Pinsel

Aus einem einfachen Bettlaken ist dieses hübsche Gewand für das Blumenkind entstanden. Auch wenn beim Maßnehmen oder Zuschneiden vielleicht noch ein Erwachsener helfen muß, so darf jedes Kind das Kleid natürlich ganz nach seinen eigenen Vorstellungen bemalen. Sicherlich haben alle dabei genausoviel Spaß wie Raffaela.

1. Zunächst bitten wir einen Erwachsenen, uns zu helfen. Wir messen mit dem Maßband die Strecke von der Schulter bis zum Knöchel (zum Beispiel 100 cm). Für das Kleid benötigen wir die doppelte Länge (in diesem Fall 200 cm).

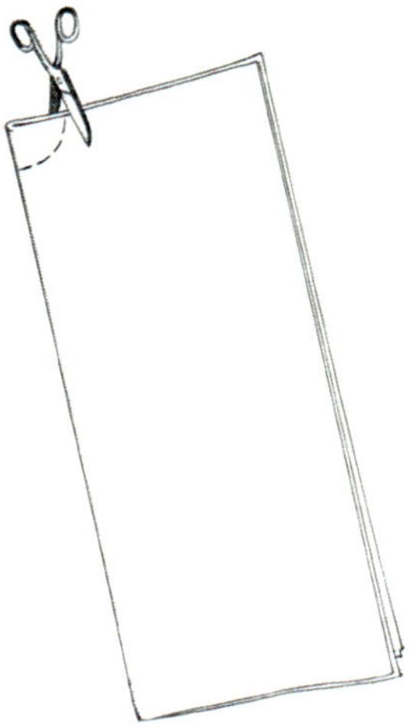

2. Jetzt schneiden wir das Bettlaken der Länge nach in der Mitte auseinander, so daß sich zwei lange Streifen von etwa 60 bis 70 cm Breite ergeben. Einen Streifen benötigen wir für das Kleid des Blumenkindes. Den Streifen bei Bedarf auf die oben berechnete Länge kürzen.

3. Nun falten wir das Stoffstück einmal in der Länge und legen es auch noch in der Breite zusammen.

4. Für den Halsausschnitt um die geschlossene Ecke einen kleinen Bogen herausschneiden. Dieser muß dann je nach Kopfgröße passend nachgeschnitten werden. Das Kleid auseinanderfalten.

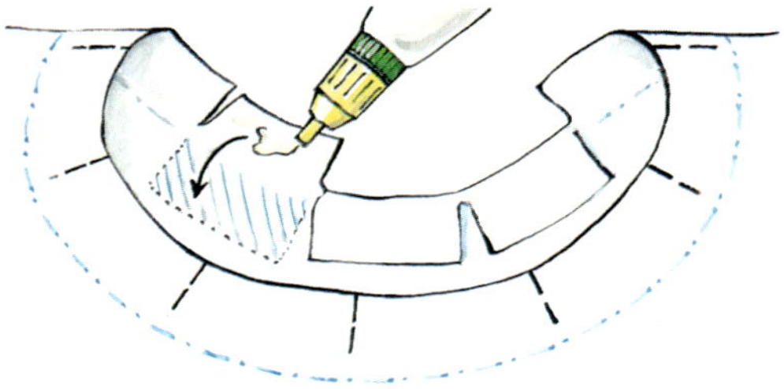

5. Den Halsausschnitt alle 7 cm etwa 1 cm tief einschneiden. Mit Stoffkleber diese Kante sichern. Der Umschlag kann ungefähr 1,5 cm breit sein.

6. In die untere Kante des Kleides Fransen von etwa 15 bis 20 cm Länge schneiden.

7. Den Tisch vor dem Malen mit Zeitungen abdecken und das Kleid darauflegen. Da die Farben leicht durch beide Stofflagen dringen, das Kleid ganz auseinanderfalten.

SCHMETTERLINGS-
KLEID

Alter
ab 7 Jahre
Zeit
etwa 1½ Stunden
Material
weißes Bettlaken
Maßband
Schere
Textilkleber
dicker schwarzer
Filzstift
Zeitungen
Wasserfarben oder
Stoffmalfarben
Nadel
Faden

8. Zunächst die Konturen der Blumen mit schwarzem Filzstift einzeichnen, dann mit Wasserfarben oder Stoffmalfarben die Blumen bunt ausmalen. Nun heißt es geduldig sein, bis die Farbe vollständig getrocknet ist.

Schmetterlingskleid

„Schmetterling, du kleines Ding, such dir eine Tänzerin". Doch für den Tanz fehlt noch das Schmetterlingskleid.

1. Die ersten Arbeitsschritte entnehmen wir der Anleitung „Blumiges Kleid". Wir arbeiten zunächst die dort unter Punkt 1 bis 5 beschriebenen Schritte nach.

2. Dann schneiden wir für die hinteren Schmetterlingsflügel ins Rükkenteil einen Schlitz von etwa 35 bis 40 cm Länge entlang der Mittellinie. Jetzt noch die Ecken jeweils auf der Innenseite des Kleides mit Stoffkleber fixieren.

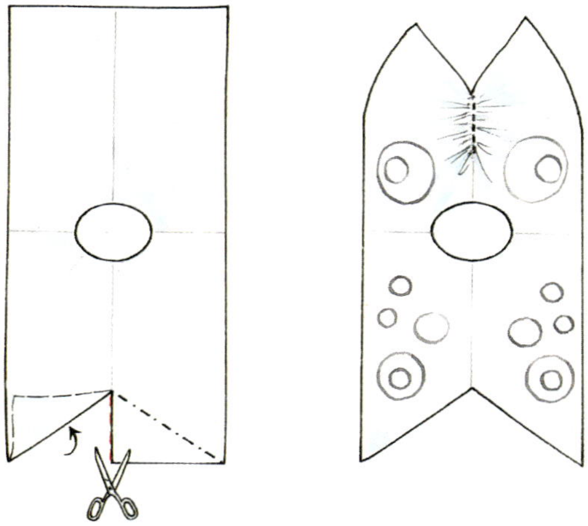

3. Ein richtiges Schmetterlingskleid muß natürlich noch viele bunte Punkte erhalten. Wie man das Kleid am besten bemalt, ist unter Punkt 7 und 8 beim Kleid für das Blumenkind beschrieben.

4. Auf dem Vorderteil ziehen wir mit großen Stichen entlang der Mitte einen doppelt eingefädelten Reihfaden ein (bis etwa 40 cm von der unteren Kante entfernt). Den Faden anziehen, so daß der Stoff eine schöne Flügelform annimmt, die Fadenenden verknoten.

Amsel, die Braut

„Die Amsel war die Braute", so heißt es in dem bekannten Lied von der „Vogelhochzeit". Sicherlich möchte jedes Mädchen gerne mal die Braut spielen und im Mittelpunkt der Feier stehen. Hier durfte sich Raffaela als Amselbraut verkleiden.

AMSEL, DIE BRAUT
(Brillenmaske)

Alter
ab 4 Jahre
Zeit
etwa 20 Minuten
Material
Pauspapier
Bleistift
Tonpapier in Gelb und Schwarz
schwarze Bastelfedern
Schere
Klebstoff
Locher oder Bürohefter
schwarzes Hutgummi

1. Zuerst übertragen wir die Vorlage für die Brillenmaske nach der Pausanleitung (Seite 9) auf das schwarze Tonpapier, das Schnabelteil fertigen wir aus gelbem. Die beiden Teile schneiden wir sorgfältig aus, die Augenlöcher prüfen wir.

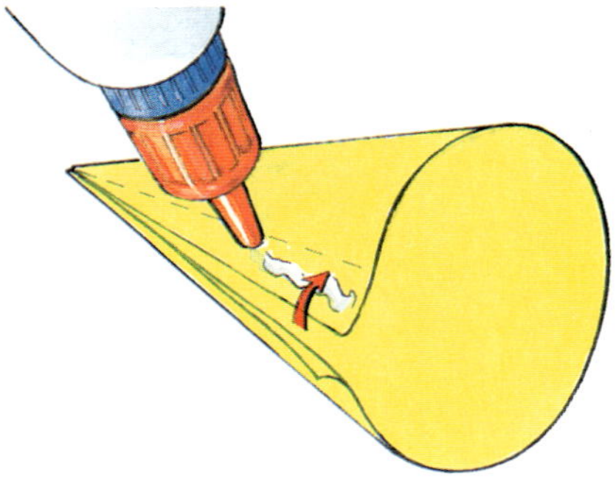

2. Nun rollen wir den Schnabel zu einer Tüte (Durchmesser etwa 2 cm) und kleben ihn an der Seite zusammen. Bevor wir ihn an der Maske befestigen, schneiden wir den Schnabelrand alle 0,5 bis 0,7 cm etwa 0,5 cm tief ein.

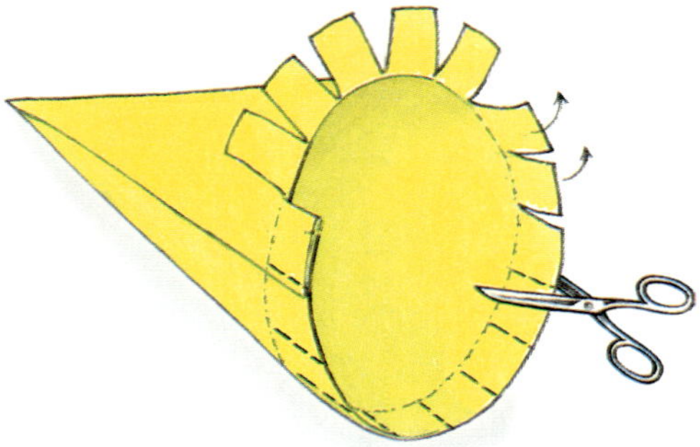

3. Jetzt biegen wir die einzelnen Klebelaschen nach außen. Vorsichtig etwas Klebstoff auftragen und den Schnabel auf der Maske festdrücken.

4. An den markierten Stellen lochen wir die Maske und befestigen das Hutgummi. Wer möchte, kann das Gummi auch mit dem Bürohefter festklammern.

5. Mit Klebstoff können wir jetzt die Federn aufkleben. Wir beginnen mit größeren Federn am Maskenrand. Die übrigen Federn kleben wir so, daß sie das Tonpapier überall gut bedecken. Rund um den Schnabel und rund um die Augen ordnen wir möglichst kleine Federn an.
Das Brautzubehör, weitere Verkleidungs- und Spielvorschläge stehen auf den nächsten Seiten.

Brautzubehör

Wer einmal in einem Brautmodengeschäft nachgefragt hat, wird erstaunt sein, was alles zur Ausstattung einer Braut gehört. Hier sollen das Kleid, der Schleier und, als besonderes Schmuckstück, die Krone ausreichen.

1. Wir übertragen die Vorlage der Krone vom Vorlagebogen auf den Goldkarton, anschließend schneiden wir die Krone sorgfältig aus.

2. Bevor wir die Krone an der vorgesehenen Klebestelle zusammenkleben, verzieren wir die einzelnen Zacken mit kleinen Schmucksteinchen aus altem Modeschmuck.

3. An den markierten Stellen befestigen wir mit dem Bürohefter dann das Hutgummi. Zum Schluß kleben wir schwarze Federn um den unteren Rand der Brautkrone. Wer möchte, kann die Zacken der Krone noch leicht nach außen biegen.

4. Hat die Gardine für unseren Schleier ein Raffband, dann raffen wir sie damit ganz eng zusammen. Ist aber kein Raffband angenäht, helfen wir uns, indem wir die Gardine in ihrer ganzen Breite zusammennehmen und über ein Ende die Gummiringe ziehen.

5. Den Schleier legen wir mit der Raffstelle auf den Kopf. Wenn wir später die Krone aufsetzen, bekommt der Schleier richtig Halt, und die Raffstelle wird verdeckt.

6. Für das Kleid schlagen wir die Gardine so übereinander, daß sie gerade bis zum Boden reicht. Nun wickeln wir sie um unseren Körper und halten sie zunächst mit einer Sicherheitsnadel hinten zusammen. Es wäre nett, wenn ein Erwachsener das Kleid mit Nadel und Faden zusammennäht. Damit das Kleid besser hält, knoten wir das Gummiband zusammen und streifen es von unten her über das Kleid: Das Gummi wird in Brusthöhe vom Gardinenüberwurf verdeckt.

7. Mit weißem Band (eventuell Satinband) binden wir unser Kleid um die Taille fest, damit es auf jeden Fall auch hält.

BRAUTZUBEHÖR
(Brautkrone)

Alter
ab 4 Jahre
Zeit
etwa 30 Minuten
Material
Pauspapier
Goldkarton
Bleistift
Schere
Klebstoff
kleine Schmucksteine oder Perlen
Bürohefter
weißes Hutgummi
einige schwarze Federn

BRAUTZUBEHÖR
(Brautschleier)

Alter
ab 4 Jahre
Zeit
etwa 5 Minuten
Material
Gardinenstück (Höhe etwa 70 cm, Breite etwa 150 cm)
eventuell Gummiringe

BRAUTZUBEHÖR
(Brautkleid)

Alter
ab 4 Jahre (jedoch ist noch die Hilfe eines Erwachsenen notwendig)
Zeit
etwa 15 Minuten
Material
Tüllgardine (max. 1,50 m lang)
Gummiband (Länge etwa Brustumfang des Kindes)
weißes breites Satinband oder Schärpe
Sicherheitsnadel oder Nadel und Faden
Schere

Drossel, der Bräutigam

DROSSEL, DER BRÄUTIGAM
(Brillenmaske)

Alter
ab 4 Jahre
Zeit
etwa 20 Minuten
Material
Pauspapier
Bleistift
Tonpapier in Schwarz und Orange
Federn in Braun, Beige und Weiß
Klebstoff
Schere
Locher oder Bürohefter
Hutgummi

Die Singdrossel, mit ihrem spitzen, schlanken Schnabel und ihren langen Beinen, wird in der „Vogelhochzeit" als Bräutigam besungen. Gleich nach seiner Rückkehr aus dem warmen Süden hat er seine entzückende Braut kennengelernt. Ob es Stefan wohl auch mal so ergeht?

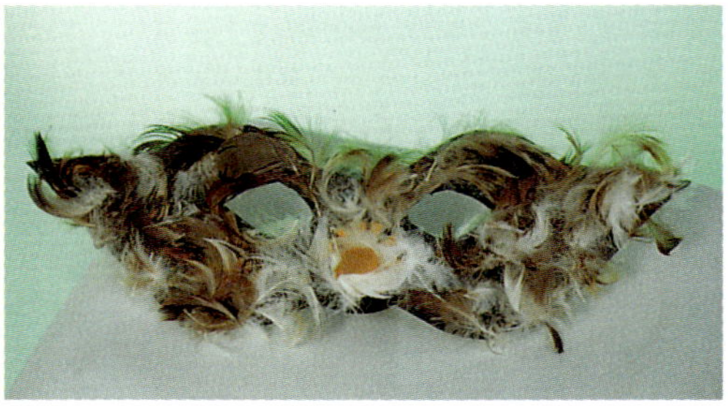

1. Zuerst übertragen wir die Vorlage für die Maske (entsprechend der Pausanleitung von Seite 9) auf schwarzes Tonpapier, den Schnabel auf oranges. Anschließend schneiden wir die Teile aus, formen den Schnabel und kleben ihn zusammen (siehe Seite 18).

2. Bevor der Schnabel auf die Maske geklebt wird, sollte der Kleberand etwa jeden Zentimeter 0,2 bis 0,5 cm tief eingeschnitten werden. Die Maske an den markierten Stellen lochen und das Hutgummi anknoten. Wer will, kann das Gummi auch mit dem Bürohefter festklammern.

3. Nun fehlen noch die Federn, die mit wenig Klebstoff zu einem schönen Gefieder aufgeklebt werden. Zum Schluß biegen wir die Schnabelspitze etwas nach unten.

Hochzeitszylinder

Der Bräutigam läßt es sich natürlich nicht nehmen und kleidet sich an diesem besonderen Tag auch sehr elegant. Besonders stolz ist die Drossel auf den tollen Zylinder. Wer in der alten Kleiderkiste von Oma und Opa keinen passenden Hut findet, der bastelt sich schnell einen Zylinder aus schwarzem Ton- oder Glanzkarton.

1. Kurz ein Wort zur Kleidung: Wenn der Bräutigam keinen dunklen Anzug besitzt, kann er auch eine schwarze Hose oder Leggins und einen schwarzen Pullover anziehen. Eventuell leiht uns aber auch ein Erwachsener ein schwarzes Jackett. Dann müssen wir aber bestimmt die Ärmel etwas hochkrempeln.

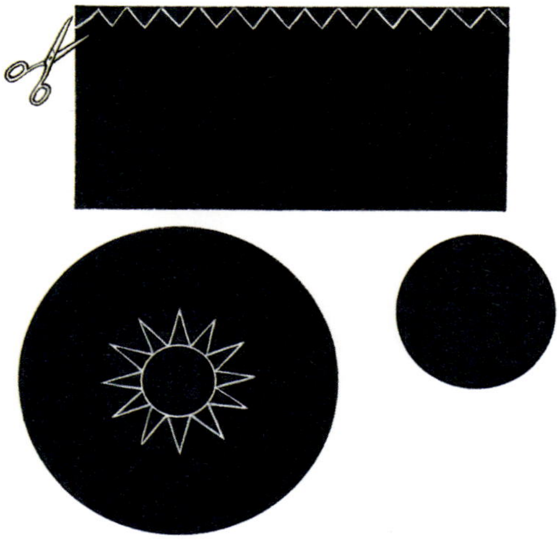

2. Wir übertragen die einzelnen Teile für den Zylinder auf Ton- oder Glanzkarton und schneiden die Teile sorgfältig aus. Hier eventuell von einem Erwachsenen helfen lassen. Anschließend kleben wir das Rechteck zur Röhre zusammen.

3. Den Hutdeckel kleben wir auf die Röhre. Dazu knicken wir die Dreiecke nach unten und bestreichen sie mit Klebstoff. Damit alles gut hält, eventuell die Klebelaschen von innen fest gegen den Deckel drücken.

4. Jetzt klappen wir an der Hutkrempe die spitzen Laschen nach oben und kleben die Röhre daran fest. Hier sollte bei Bedarf ein Erwachsener helfen. Dann befestigen wir mit Heftklammern das Hutgummi an der Krempe.

5. Beim Ankleiden bitte beachten: Zuerst kleiden wir uns an, dann setzen wir die Maske auf und zum Schluß den Zylinder. Umgekehrt ist es fast unmöglich.

HOCHZEITSZYLINDER

Alter
ab 5 Jahre
Zeit
etwa 30 Minuten
Material
Papier
Bleistift
schwarzer Ton- oder Glanzkarton
Schere
Klebstoff
Bürohefter
Hutgummi

Brautmutter Eule

Obwohl eigentlich ein Nachtvogel, nimmt auch die Eule an der Hochzeitsfeier teil. Sie schluchzt heftig und trocknet lieber ihre Tränen mit den großen Flügeln, anstatt sich fröhlich beim Tanz zu bewegen. Hinter der tollen, stark mit Federn besetzten Brillenmaske erkennt man Lisa kaum.

1. Für die Eulenmaske übertragen wir die Vorlage auf das schwarze, den Eulenschnabel auf das orange Tonpapier und schneiden die Teile sorgfältig aus.

2. Wir kleben den Schnabel zu einer Tüte zusammen. Den Kleberand schneiden wir mit der Schere in kleinen Abständen etwa 0,5 cm tief ein. Die so entstandenen Laschen biegen wir nach außen, bestreichen sie mit Klebstoff und kleben an der markierten Stelle den Eulenschnabel auf die Maske auf, die Spitze leicht umknicken.

3. Das Hutgummi ziehen wir durch zuvor gestanzte Löcher oder klammern es mit dem Bürohefter an.

4. Jetzt fehlen noch die Federn. Rund um die Augen fixieren wir mit Klebstoff schwarze Federn, für die übrige Maske verwenden wir viele braune. Für die Eulenohren eignen sich große weiße und schwarze Federn, die oberhalb der Augen plaziert werden.

BRAUTMUTTER EULE

Alter
ab 4 Jahre (mit Hilfe eines Erwachsenen oder größeren Kindes)

Zeit
etwa 20 Minuten

Material
Pauspapier
Bleistift
Tonpapier in Schwarz und Orange
Schere
Klebstoff
Locher oder Bürohefter
schwarzes Hutgummi
Federn in Schwarz, Braun und Weiß

Umhang für die Eule

Das Kostüm der Brautmutter eignet sich auch hervorragend als Faschingskostüm für den Straßenkarneval, denn durch die dicht beieinanderliegenden Wollfäden hält der Umhang recht warm.

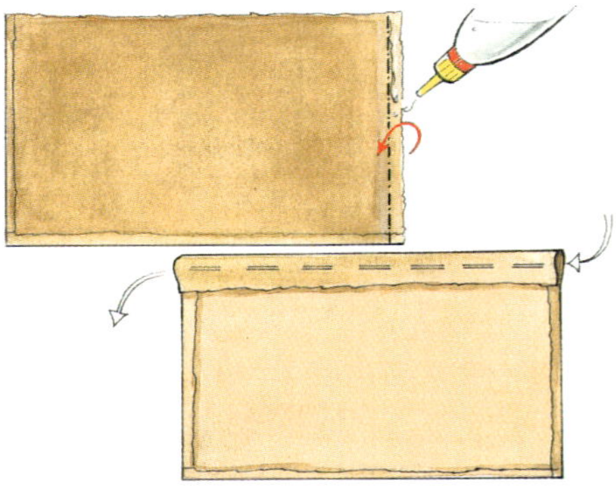

1. Zuerst säumen wir mit Textilkleber alle Schnittkanten des Stoffes (etwa 1,5 cm umschlagen). An einer Längsseite schlagen wir den Stoff zusätzlich handbreit nach innen und kleben diesen „Saum" fest. So erhalten wir einen Tunnel für die Kordel. Eventuell kann ein Erwachsener diesen Umschlag auch schnell mit der Nähmaschine feststeppen.

2. Nun umwickeln wir das Buch mit der Wolle. Bitte nicht zu stramm umwickeln, sonst wird die Wolle zu sehr gedehnt. Nun noch die Fäden aufschneiden, so bekommen wir viele Wollfäden in gleicher Länge. Dieser Arbeitsschritt muß mehrmals wiederholt werden, damit genügend, auch farblich unterschiedliche, Fäden für die weitere Arbeit zur Verfügung stehen.

3. Den Umhang legen wir ausgebreitet auf den Tisch und befestigen an der unteren Kante doppelseitiges Klebeband. Darauf drücken wir die Wollfäden, braune, weiße sowie schwarze – ganz nach unserem eigenen Geschmack.

4. Jetzt kleben wir ein zweites Klebeband etwas höher auf den Stoff, so daß die aufzuklebenden Wollfransen noch etwa 5 cm über den unteren Klebestreifen ragen. Diesen Vorgang wiederholen wir, bis der ganze Umhang mit Wolle beklebt ist.

5. Zum Schluß ziehen wir mit der Sicherheitsnadel die Kordel durch den Tunnel und raffen so den Umhang zusammen.

6. Damit der tolle Umhang auch richtig zur Geltung kommt, trägt die Eule darunter entweder ein unifarbenes beiges oder braunes Kleid oder entsprechende Hosen und einen Pullover.

UMHANG FÜR DIE EULE

Alter
ab 4 Jahre (mit Hilfe eines Erwachsenen)
Zeit
etwa 1 Stunde
Material
brauner Stoff (50 x 100 cm)
Kordel (60 cm)
Textilkleber
Buch (etwa 15 cm hoch)
Wolle in Braun, Weiß und Schwarz
Schere
Doppelklebeband
Sicherheitsnadel

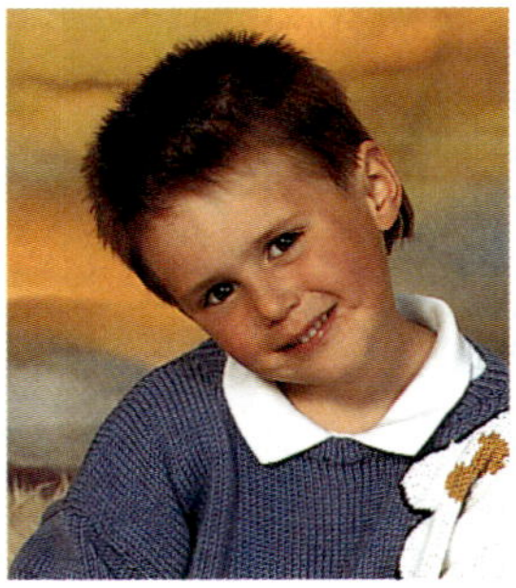

Specht, der Gast

In vielen Versionen der „Vogelhochzeit" kommt der Specht nicht vor, er hat sich heute als Gast dazugesellt. Roman übernimmt hier die Rolle dieses hübschen bunten Vogels.

SPECHT, DER GAST

Alter
ab 4 Jahre
Zeit
etwa 20 Minuten
Material
Pauspapier
Bleistift
Tonpapier in Schwarz und Gelb
Schere
Klebstoff
Locher oder Bürohefter
Hutgummi
bunte Federn

1. Auch hier übertragen wir zuerst die Vorlage der Maske auf das schwarze, den Schnabel auf das gelbe Tonpapier.

2. Natürlich müssen die Teile zunächst ausgeschnitten werden, bevor wir den Schnabel, ähnlich wie eine Tüte, zusammenkleben. Den offenen Rand schneiden wir in kleinen Abständen etwa 0,5 cm tief ein und biegen die Klebelaschen nach außen um. Jede Lasche mit etwas Klebstoff bestreichen und den Schnabel an der gekennzeichneten Stelle aufkleben (siehe Seite 18).

3. An den markierten Stellen stanzen wir die Löcher für das Hutgummi und knoten es fest; oder wir klammern es mit dem Bürohefter an.

4. Mit roten Federn gestalten wir den Schopf. Rund um die Augen und den Schnabel kleben wir schwarze Federn, den Rest der Maske füllen die bunten Federn aus, vor allem der untere Maskenrand wird damit betont.

Umhang für den Specht

Wie schon die Eule, so hat auch der Specht seinen Festtagsumhang zur Hochzeitsfeier angelegt. Die Farbenpracht des Federkleides ist einmalig. Die bunten Federn sind in Bastelgeschäften oder in den Verpackungsabteilungen der Warenhäuser erhältlich.

1. Damit der Umhang schön locker fällt, legen wir das Kreppapier an einer Längsseite zunächst in 5 cm breite Falten und klammern sie fest.

2. Nun erhält der Specht sein buntes Federkleid. Zunächst werden am unteren Papierrand gleich lange Federn angebracht. Es ist ganz einfach, wir brauchen nur jede Feder mit dem Bürohefter festzuklammern (oder anzunähen).

3. Auf dem restlichen Umhang befestigen wir die Federn etwas versetzt und von unten nach oben. Die Farbanordnung ist ganz unserem Geschmack überlassen.

4. Für den Halsrand eignen sich kleine flauschige Federn, die jeweils etwas über den Kragenrand hinausragen sollten, damit der Specht auf seinen tollen Federkragen stolz sein kann.

5. Den fertigen Umhang hängen wir uns einfach um (die Öffnung ist hinten) und schließen ihn mit einigen Heftklammern. Hierbei muß aber jemand helfen.

6. Da wir den Umhang aus Kreppapier fertigen, wird er kaum mehr als ein Fest überdauern. Wollen wir einen haltbaren Umhang basteln, so sollten wir ihn nach der Anleitung des Umhangs für die Eule aus Stoff fertigen. Geschmückt wird er jedoch wie der Kreppapierumhang mit bunten Federn. Die Federn nähen wir eventuell mit ein paar Stichen auf.

UMHANG FÜR DEN SPECHT

Alter
ab 5 Jahre (mit Hilfe eines Erwachsenen)
Zeit
etwa 30 Minuten
Material
gelbes Kreppapier (20 cm x 100 cm)
Bürohefter oder Nadel und Faden
bunte lange Federn

Die Vogelhochzeit

DIE VOGELHOCHZEIT

Alter
ab 4 Jahre
Teilnehmer
mindestens 4 Kinder
1 Erwachsener als Spielleiter, Zuschauer
Material
3 große Kartons (Waschmaschine, Herd, Kühlschrank ...)
Klebstoff
Küchenmesser
Fingerfarbe in verschiedenen Tönen
Orff'sche Musikinstrumente
Kostüme für die Darsteller

Dieses Lied ist hervorragend geeignet,um es mit einer größeren Kindergruppe zu spielen. Da die Rollen, die die Kinder übernehmen, nicht schwierig sind, können auch schon Vierjährige mitmachen. Die Kindergruppe sollte aus mindestens vier Kindern bestehen. Spielen mehr Kinder mit, so können wir uns noch einige Verkleidungen und entsprechende Masken überlegen.
Haben wir in der Gruppe einige Kinder, die sich nicht gerne verkleiden, so können sie trotzdem ihren Spaß an diesem Spiel haben. Sie können die „Kulissen“ für die Aufführung basteln.

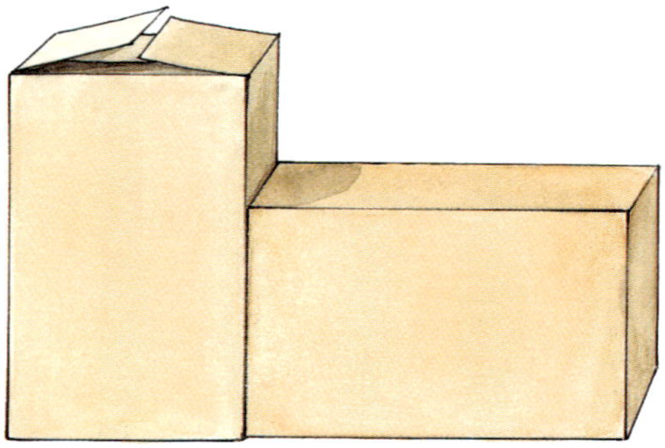

1. Wir besorgen drei große Kartons. Zwei davon fügen wir zur Kirche zusammen. Wir legen einen hochkant und einen längs und kleben sie so zusammen.

2. Mit gelber Fingerfarbe malen wir nun hohe Bogenfenster auf das Kirchenschiff und den Turm. Für das Portal können wir grüne oder dunkelbraune verwenden. Die Wände malen wir mit hellbrauner Farbe an, das Dach wird rot.

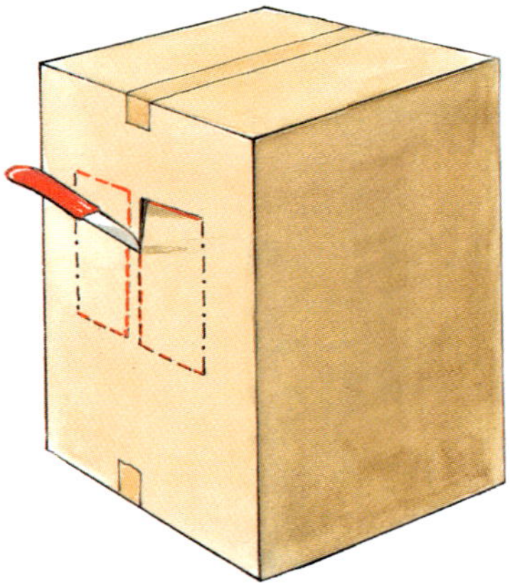

3. Die dritte Schachtel wird das Haus des Brautpaares. Wir stellen die Schachtel hochkant. An der Vorderseite sollen die Fensterläden sein. Diese schneiden wir oder ein Erwachsener mit einem spitzen und scharfen Küchenmesser ein.

4. Die Fensterläden sollen sich vom Haus abheben, darum malen wir sie in einer bunten Farbe an. Wir betonen die Läden, indem wir auf beide Flügel waagerechte Striche aufmalen. Danach klappen wir die Läden nach außen und streichen sie auch innen an. Die noch freien Flächen erhalten eine helle Farbe. Da wir mit den Fingern oder einem dicken Pinsel arbeiten, nimmt das Bemalen dieser Kulisse nicht viel Zeit in Anspruch. Allerdings muß alles noch über Nacht trocknen, bevor gespielt werden kann.

5. Läßt sich die Rückseite des Kartons öffnen, so ist das die Tür des Hauses. Ansonsten schneiden wir ein so großes Loch aus der Rückseite heraus, damit die Brautleute ins Haus hineinkönnen.

6. Die kostümierten Kinder stellen die Figuren des Liedes pantomimisch dar. Alle nicht verkleideten Kinder dürfen Zuschauer, Sänger und Musikanten sein. Zum Musizieren eignen sich die Orff'schen Instrumente, die es in jedem Kindergarten geben sollte.

überliefert

2. Die Drossel war der Bräutigam,
die Amsel war die Braute.

3. Der Sperber, der Sperber,
der war der Hochzeitswerber.

4. Der Stare, der Stare,
der flocht der Braut die Haare.

5. Die Lerche, die Lerche,
die führt' die Braut zur Kerche.

6. Der Auerhahn, der Auerhahn,
der war der Küster und Kaplan.

7. Die Gänse und die Anten,
die war'n die Musikanten.

8. Der Pinguin, nicht spröde,
der hielt die Hochzeitsrede.

9. Der Specht mit seinem bunten Rock,
der bracht' der Braut 'n Blumenstock.

10. Der Rotschwanz, der Rotschwanz,
macht' mit der Braut den ersten Tanz.

11. Der Papagei, der Papagei,
der macht' darob ein groß' Geschrei.

12. Der Seidenschwanz, der Seidenschwanz,
der sang das Lied vom Jungfernkranz.

13. Der Marabu, der Marabu,
hielt sich dabei die Ohren zu.

14. Der Uhu, der Uhu,
der schlug die Fensterläden zu.

15. Brautmutter war die Eule,
nahm Abschied mit Geheule.

16. Der Hahn, der krähet: „Gute Nacht!",
da wird die Lampe ausgemacht.

17. Nun ist die Vogelhochzeit aus,
und alle ziehn vergnügt nach Haus.

Feine Dame

FEINE DAME

Alter
ab 4 Jahre
Zeit
etwa 10 Minuten
Material
Stirnband
kleiner Deckel
Schminkschwämmchen
Creme-Make-up
Puder
großer Pinsel
Lidschatten in verschiedenen Farben
Lidschattenpinsel
Wimperntusche
Lippenstift
Lippenpinsel
Wangenrot (Rouge)
schwarzer Kajalstift
Kamm
Haarspangen

Kinder schlüpfen gerne in die Kleider von Erwachsenen. Beim Kombinieren sind sie höchst kreativ. Auch der Schminkkasten übt eine anziehende Wirkung aus. Warum also nicht mal „Feine Gesellschaft“ spielen?
Lisa hat sich ganz professionell geschminkt, manchmal reicht aber auch ein bißchen Lippenstift und Rouge.

1. Damit die Haare beim Schminken nicht stören, stecken wir sie unter ein Stirnband. Nun kann das Schminken beginnen.

2. Zuerst geben wir etwas Make-up in einen kleinen Deckel, tauchen das trockene Schminkschwämmchen darin ein und tupfen das Make-up vorsichtig auf das Gesicht, so lange, bis es schön verteilt ist. Zur Fixierung des Make-ups pinseln wir mit einem großen Pinsel noch etwas Puder über Nase, Wangen und Stirn.

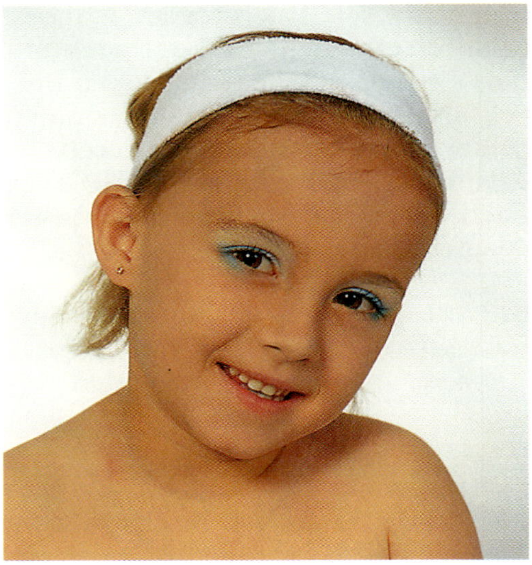

3. Jetzt schminken wir uns mit Lidschatten die Augen ganz groß. Zuerst tragen wir mit dem Lidschattenpinsel eine helle Farbe auf das gesamte Augenlid (bis zu den Brauen) auf, dann pinseln wir nur im Lidbereich einen dunkleren Lidschattenpuder darüber. Jetzt müssen noch die Wimpern getuscht werden. Dazu bitten wir einen Erwachsenen um Hilfe.

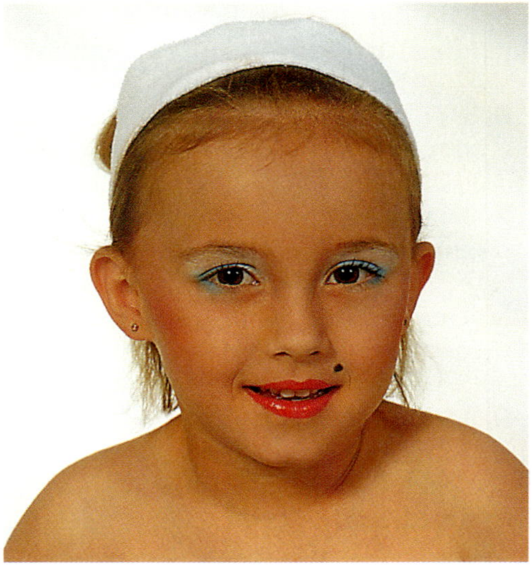

4. Mit einem Lippenpinsel und Lippenstift malen wir uns einen schönen Kußmund. Wenn kein Lippenpinsel zur Verfügung steht, schminken wir die Lippen direkt mit dem Lippenstift.

5. Um einen frischen Teint zu bekommen, tupfen wir uns mit dem großen Pinsel Wangenrot auf die Wangen. Wir können anstelle von Wangenrot auch Lippenstift verwenden. Den brauchen wir dann nur mit den Fingern auf den Wangen leicht zu verwischen.

6. Eine feine Dame hat natürlich auch einen schwarzen Schönheitsfleck, den wir mit Kajalstift oberhalb des Mundes aufdrücken. Schon haben wir ein perfektes Make-up.

7. Wer will, steckt sich noch die Haare mit glitzernden Haarspangen hoch und befestigt eine große rote Blume im Haar.

8. Die Garderobe kann aus dem Fundus der Kleiderkiste zusammengestellt werden. Vielleicht finden wir auch eine glitzernde Bluse, ein hautenges Top oder eine Korsage. Bestimmt leiht uns Mama dann noch eine alte Netz- oder Seidenstrumpfhose, vielleicht hat sie auch noch ein Paar Stöckelschuhe, die sie nicht mehr trägt.

Feiner Herr

Wenn die Mädchen nun schon so schick sind, brauchen auch die Jungen das passende Outfit. Denn welche feine Dame möchte nicht von einem schicken Kavalier umschwärmt und bewundert werden?
Wie sich die Jungen für ein „High-Society-Fest" kleiden können, zeigt Hermann, dem das Verkleiden sichtlich Spaß macht.

FEINER HERR

Alter
ab 4 Jahre
Zeit
etwa 5 Minuten
Material
schwarze Wasserschminke
Pinsel
Wangenrot (Rouge)
großer Pinsel
Haarwachs oder Haargel
Kamm

1. Wir malen uns mit schwarzer Wasserschminke und einem Pinsel einen schmalen Bart zwischen Nase und Oberlippe. Die Bartenden schön spitz ausziehen.

2. Auch ein Junge darf seine Wangen leicht mit Rouge auffrischen. Ein großer Pinsel erleichtert uns das hauchdünne Auftragen der roten Farbe.

3. Zum Gentleman gehört ein gepflegtes Haarstyling, für das wir einen Kamm und Haarwachs oder -gel benötigen. Wir feuchten unsere Haare leicht mit Wasser an und streichen das Mittel in unseren Schopf. Anschließend ziehen wir noch mit dem Kamm einen Scheitel und kämmen die Haare ganz glatt.

4. Absolut elegant wirkt der feine Herr erst mit Fliege, Weste, Hut und Schal. Dabei stört es nicht, wenn die Kleidungsstücke etwas groß ausfallen.

Gentleman oder Kavalier?

Sicherlich hat sich der eine oder andere schon mal gefragt, was diese beiden Wörter bedeuten, denn oft hört man: „Er ist ganz Kavalier!“ oder „Wie ein richtiger Gentleman!“.

Das Lexikon gibt Auskunft darüber, wo diese Wörter herkommen und was sie bedeuten.
Aus England kommt der „Gentleman“, die Bezeichnung für einen Mann mit Anstand und ehrenhaftem Charme. Dabei ist seine adlige Herkunft heutzutage nicht mehr wichtig.
Die Franzosen bezeichnen einen taktvollen und gebildeten Mann als „Kavalier“.

Auszählreim

Zur Vorbereitung eines Spiels (zum Beispiel das Bestimmen des Showmasters in unserer Modenschau – siehe Seite 34) kann ein Auszählreim gehören.

In einer feinen Stube,
da wohnt ein lieber Bube,
er schaut zum Fenster raus,
und du bist draus!
(Brigitte Schrattenecker)

Popsängerin

POPSÄNGERIN

Alter
ab 6 Jahre
Zeit
etwa 20 Minuten
Material
Stirnband
Wasserschminke in Rot, Blau und Gelb
Schminkpinsel
roter Glanzlippenstift
Goldglittercreme
Schminkschwämmchen
fette Creme
Goldsternchen
Glitterhaarspray

Die feine Gesellschaft will natürlich auch unterhalten werden. Deshalb gibt Popsängerin Sibylle heute ein Konzert. Popsängerin ist der Traumberuf vieler Mädchen. Man lernt viele Menschen kennen, reist viel und sieht immer toll aus. Dafür wird man ständig von der Öffentlichkeit beobachtet und hat nur wenig Privatleben.

1. Damit die Haare beim Schminken nicht stören, binden wir sie mit einem Stirnband aus dem Gesicht.

2. Mit Wasserschminke und einem Schminkpinsel ziehen wir uns über die Lider je einen dicken roten Strich vom Augeninneren bis zu den Schläfen, darüber einen dünnen blauen und über diesen noch einen gelben Strich. Die Linien lassen wir jeweils auslaufen.

3. Unsere Lippen schminken wir ganz kräftig mit rotem Glanzlippenstift. Wenn wir keinen Lippenstift besitzen, schminken wir die Lippen einfach mit roter Wasserschminke. Nun mit einem Pinsel ein bißchen Goldglittercreme über die Augenbrauen verteilen; wenn uns dies gefällt, auch etwas Glitter unter die Unterwimpern und auf die Lippen aufpinseln.

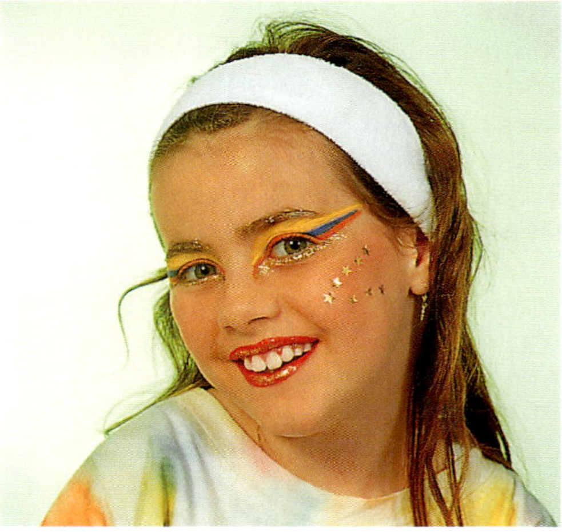

4. Wir feuchten unser Schminkschwämmchen an und tragen damit rote Wasserschminke auf die Wangenknochen auf. Mit fetter Creme fixieren wir zusätzlich kleine Goldsternchen.

5. Zum Schluß dürfen wir uns ganz wild die Haare toupieren und abschließend natürlich Glitterspray darübersprühen. Wir können auch Glittercreme verwenden, die wir dann ins Haar streichen.

6. Die Bekleidung der Popsängerin kann sehr vielfältig sein. Auf dem Foto trägt unsere Sängerin ein T-Shirt mit bunten Farbflecken, einen roten Minirock (Stretch) aus Muttis Kleiderschrank und eine Feinstrumpfhose, die wir einfach mit den Fingernägeln zerrissen haben.

Mikrofon

Für ihren großen Auftritt braucht die Sängerin auch ein Mikrofon. Die meisten Kinderkassettenrecorder haben zwar ein Mikro, doch ist das selbstgebastelte bestimmt viel größer und fällt so richtig auf.

1. Wir bitten einen Erwachsenen, mit dem Messer ein Kreuz in den Tennisball zu schneiden. Dann ziehen wir die entstandenen Dreiecke nach außen.

2. Die Papprolle stecken wir nun in die entstandene Öffnung des Tennisballs. Damit das Mikrofon echt aussieht, umwickeln wir den Griff mit dem schwarzen Isolierband, dadurch wird auch der Ball fixiert.

MIKROFON

Alter
ab 4 Jahre (mit Hilfe eines Erwachsenen)
Zeit
etwa 15 Minuten
Material
Tennisball
spitzes Messer
(nur für Erwachsene!)
leere Küchenpapierrolle
schwarzes Isolierband

Modenschau

MODENSCHAU

Alter
ab 3 Jahre
Teilnehmer
mindestens 3 Kinder
Material
alte Kleidungsstücke
Tücher
Hüte
Schals
Gürtel
Schuhe
Modeschmuck
Teppichläufer
Stativlampen oder
Klemmleuchten

Kinder kramen gerne in Koffern mit alten Kleidungsstücken, Gardinenkisten, Schuhschränken oder Modeschmuckschachteln. Wie wäre es denn mit einer richtigen Modenschau, da jetzt alle so schön geschminkt sind?

Wir wollen uns mit ausgedienten Kleidungsstücken unserer Eltern, Großeltern oder anderer Erwachsener so phantasievoll wie nur möglich anziehen und mit Tüchern und Modeschmuck originell stylen.
Einer der Teilnehmer darf Showmaster sein, der die Modenschau kommentiert. Natürlich kann auch ein Erwachsener diese Rolle übernehmen.
Nun brauchen wir noch einen Laufsteg. Am besten legen wir einen langen Teppich aus. Bittet doch die Eltern noch um ein oder zwei Stativlampen oder Klemmleuchten, damit die Mannequins auch ins rechte Licht gerückt werden. Wenn wir fertig gedressed sind, beschreibt der Showmaster unsere Kreationen. Etwa so:
„Meine Damen und Herren! Hier sehen Sie das Neueste der Pariser Kollektion. Beachten Sie bitte den weitschwingenden Rock und die überhängenden Schultern der bunten Seidenbluse. Besonders attraktiv wirken diese hochhackigen, übergroß geschnittenen Schuhe. Man bekommt dadurch einen sehr graziösen Gang."
So richtig Spaß macht die Modenschau natürlich erst mit Zuschauern, die Beifall klatschen und die Akteure anfeuern. Wie bei einer richtigen Modenschau kann das Publikum die schönste Kreation erwerben.

Anziehspiel

ANZIEHSPIEL

Alter
ab 3 Jahre
Teilnehmer
mindestens 2 Kinder
Material
alte Kleidungsstücke
Schuhe
Schals
Tücher
Hüte

Kinder lieben Wettspiele und verkleiden sich gerne. Was liegt näher, als beides in eine Spielidee einfließen zu lassen? Die Spielregeln können natürlich je nach Alter und Anzahl der Kinder abgewandelt werden.

Jedes Kind soll in kürzester Zeit fünf Teile anziehen. Wir können diese Teile entweder vor jedem Kind stapeln oder alle Sachen in die Mitte eines Kreises legen. Nun wird das Startzeichen gegeben, und während sich die Kandidaten irgendwelche Kleidungsstücke überstülpen (die Reihenfolge ist unwichtig), feuern die Zuschauer die Akteure an. Gewinner ist das Kind, das am schnellsten angezogen ist.

Playback singen

PLAYBACK SINGEN

Alter
ab 5 Jahre
Teilnehmer
mindestens 3 Kinder
Material
Kassettenrecorder
Musikkassette
„Mikrofon"
Bleistift
Papier

Wer einmal Sänger bei Fernsehauftritten beobachtet, wird feststellen, daß die Begleitmusik fast immer vom Band kommt, mitunter singt der Sänger noch nicht einmal live. Dies hat verschiedene, hauptsächlich technische Gründe.
Beim folgenden Spiel kann der Sänger natürlich live mitsingen, die Playbackmusik liefert der Kassettenrecorder.

Ein Kind wählt von der Kassette ein Lied, das es gerne singen möchte. Gut wäre, wenn das Kind den Interpreten kennt, um Bewegung und Gesichtsausdruck nachahmen zu können.

Jetzt wird die Kassette in den Recorder eingelegt, und es kann losgehen. Mit der Musik im Hintergrund versucht jedes Kind, einen Sänger oder eine Sängerin so gut wie möglich nachzuahmen.
Die Zuschauer bewerten mit Punkten zwischen eins und fünf die Leistung jedes Interpreten. Am Ende wird der Sieger oder die Siegerin ermittelt.

Dessert der feinen Leute

Hier wurde eine alte Spielidee aufgegriffen. Es wäre gut, wenn ein neutraler Spielleiter für etwas Ruhe sorgt und aufpaßt, daß nicht geschummelt wird und die Sachen auch ordnungsgemäß an den nächsten Spieler weitergegeben werden.

Wir setzen uns um einen Tisch, auf dem ein Löffel, ein Schal, zwei Handschuhe und eine Blume bereitliegen. Das Dessert steht in der Mitte des Tisches.
Die Kinder würfeln reihum, bis eines eine Sechs hat. Jetzt heißt es schnell sein, denn bevor es das Dessert essen darf, muß es folgendes beachten: Der Schal muß um den Hals gebunden werden, die Blume muß im Haar oder in einem Knopfloch stecken, und die Handschuhe müssen angezogen werden. Jetzt kann das Schlemmen losgehen. Während sich das Kind anzieht und nascht, würfeln die anderen Kinder natürlich weiter. Wer die nächste Sechs würfelt, kommt nun mit Anziehen und Naschen an die Reihe.
Das Spiel kann so lange fortgesetzt werden, bis das Dessert aufgegessen ist.

Staub wegpusten

Da die Damen und Herren der feinen Gesellschaft immer sehr auf Ordnung und Sauberkeit bedacht sind, dulden sie keinen Staub. Selbst kleinste Flusen werden weggepustet. Spielen wir dies doch einmal nach.

Wir setzen uns um einen Tisch und legen in die Mitte des Tisches ein Watteballchen. Dies soll den Staub darstellen.
Nun würfeln wir so lange, bis ein Kind eine Eins gewürfelt hat. Es darf jetzt das Watteballchen vor sich legen. Das Kind versucht nun, den Staub jemand anderem zuzupusten. Natürlich wollen auch die übrigen Teilnehmer der feinen Gesellschaft den Staub loswerden, also spitzen alle Kinder ihre Münder und pusten das Watteballchen schnell weg. Wer das Bällchen zu Boden fallen läßt, muß ausscheiden. Die sauberste Stube hat der Herr oder die Dame, der oder die zum Schluß übrigbleibt.

STAUB WEGPUSTEN

Alter
ab 4 Jahre
Teilnehmer
mindestens 3 Kinder
Material
ein Watteballchen
Würfel
Tisch
Stühle

DESSERT DER FEINEN LEUTE

Alter
ab 5 Jahre
Teilnehmer
mindestens 3 Kinder
Material
Würfel
Löffel
Dessert oder andere Naschereien
Schal
Handschuhe
Blume

SOMMER

Der Sommer ist klasse, ganz ohne Frage,
denn warm und lang sind nun die Tage.
Wir können jetzt ins Freibad gehen,
uns in den Ferien die Welt ansehen.
Manch einer auch 'ne Party gibt:
Urlaub macht jeder, so wie's ihm beliebt.

Südseeschönheit

Hawaii ist ein Bundesstaat der USA. Der Inselstaat im Pazifik ist bekannt für seinen Südseezauber, seine exotischen Rhythmen und für die besondere Begrüßungszeremonie, mit der Besucher auf dem Flughafen von den einheimischen Blumenmädchen willkommen geheißen werden. Viktoria heißt unser Hawaii-Mädchen.

SÜDSEESCHÖNHEIT

Alter
ab 4 Jahre
Zeit
etwa 5 Minuten
Material
Stirnband
Wasserschminke in Schwarz und Rot
dünner Schminkpinsel
roter Lippenstift
Schminkschwämmchen

1. Damit die Haare beim Schminken nicht stören, binden wir sie mit einem breiten Stirnband aus dem Gesicht.

2. Unsere Augen sollen exotisch wirken, deshalb ziehen wir mit schwarzer Wasserschminke und einem feinen Pinsel einen dünnen Strich auf dem Oberlid (oberhalb des Wimpernansatzes) vom inneren bis zum äußeren Augenwinkel. Wir lassen uns von einem Erwachsenen helfen, denn es ist nicht einfach.

3. Die Lippen schminken wir mit einem Lippenstift leuchtend rot. Mit roter Wasserschminke bringen wir Röte ins Gesicht. Dazu feuchten wir unser Schminkschwämmchen an (nicht zu naß machen). Dann nehmen wir damit Farbe aus dem Töpfchen auf und tupfen sie auf den Wangenbereich.

4. Das Make-up für die Südseeschönheit ist nun fertig. Aber was ist ein Hawaii-Mädchen ohne Blumenkranz und -kette? Wie der Blumenschmuck und sogar ein Röckchen hergestellt wird, zeigen die folgenden Anleitungen.

Serviettenblüten

Exotische Blüten sind bei uns sehr teuer. Daher bietet es sich an, die duftigen, farbenfrohen Blüten für den Haarkranz und die Kette der Südseeschönheit aus einfachen Zellstoffservietten selbst zu machen.

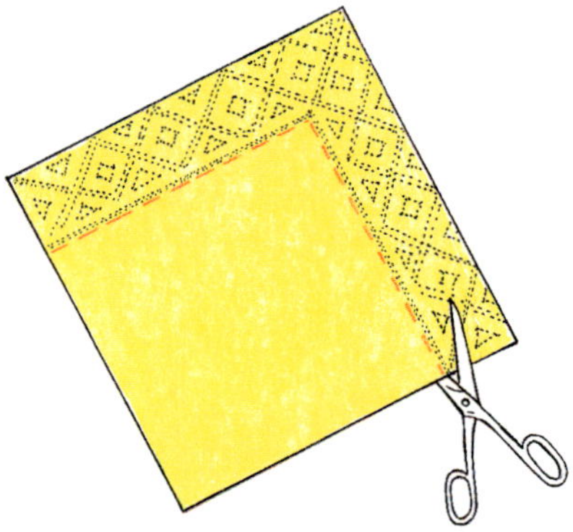

1. Wir nehmen von jeder Farbe eine Serviette und schneiden die Stanznaht ab, damit wir die Servietten in die einzelnen Lagen zerlegen können. Anschließend falten wir die Servietten auf und schneiden sie in der Mitte durch.

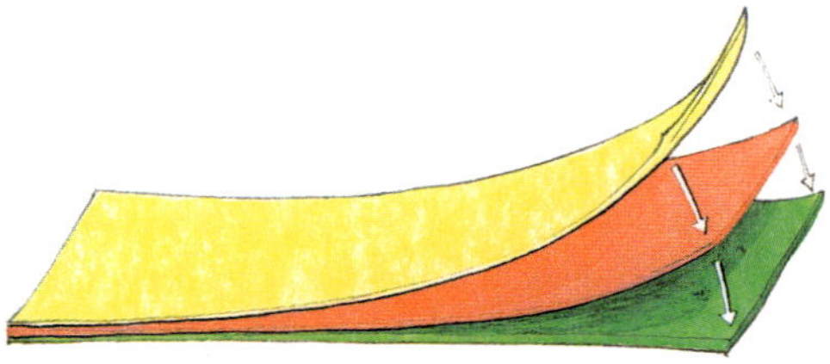

2. Nun legen wir jeweils einen grünen, einen roten und einen gelben Streifen bündig übereinander. Die Reihenfolge ist nicht festgelegt, wir ordnen sie nach unserem eigenen Geschmack.

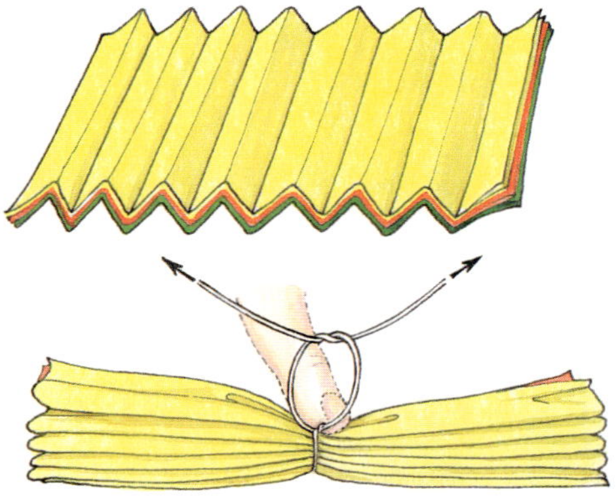

3. Jetzt heißt es, aus den Serviettenlagen eine Ziehharmonika (schön gleichmäßige Falten) zu legen. Die Ziehharmonika binden wir (oder ein Erwachsener) in der Mitte mit einem Faden ab.

4. Die einzelnen Lagen der Servietten ziehen wir vorsichtig auseinander – fertig ist die Blüte.
Die Serviettengröße bestimmt die Größe unserer Blüte. Wir können auch verschieden große Servietten übereinanderlegen (die größte nach unten), dann sieht man die einzelnen Farben noch besser.

SERVIETTENBLÜTEN

Alter
ab 4 Jahre
Zeit
etwa 5 Minuten für jede Blüte
Material
Mehrlagige Zellstoffservietten in Grün, Rot und Gelb
Schere
Faden

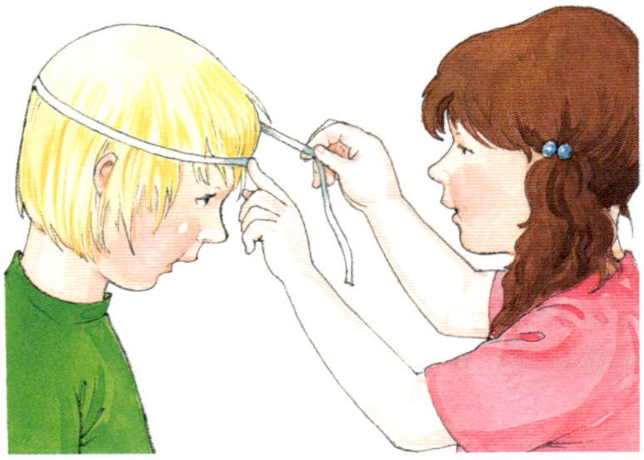

1. Für den Blumenkranz messen wir (in Partnerarbeit) als erstes mit dem Gummiband unseren Kopfumfang und kürzen das Band bei Bedarf.

2. Die zuvor gefertigten Blüten nähen wir nun nach und nach auf das Gummiband.

3. Die Enden des Bandes nähen wir mit Nadel und Faden zusammen (eventuell auch knoten). So erhalten wir den typischen Hawaii-Kopfschmuck.

4. Die Serviettenblüten für die Kette nähen wir mit Nadel und Faden auf das Stoffband. Zwischendurch probieren wir die Kette an. Wenn das Band zu lang ist, muß es gekürzt werden. Die Kette sollte gerade so lang sein, daß sie unsere Brust bedeckt. Die Enden des Bandes verknoten wir miteinander.

BLUMENKRANZ UND -KETTE

Alter
ab 6 Jahre
Zeit
jeweils etwa 40 Minuten
Material
Gummiband für den Kranz
Stoffband (60 bis 80 cm) für die Kette
Schere
Nadel
Faden
8 bis 10 Serviettenblüten

Blumenkranz und -kette

Man muß schon einige Südseeblüten basteln, um sich solch einen schönen Kopfschmuck aufsetzen zu können. Doch wenn man mal den Dreh raus hat, geht es ganz schnell, und in wenigen Minuten ist auch noch die Kette fertig.

Hawaii-Röckchen

Aus Bast muß es natürlich sein, das Röckchen der Südseeschönheit. Bei der Herstellung muß man etwas Geduld haben, denn das Befestigen der Bastfäden dauert eine Weile. Über die Mithilfe eines Erwachsenen bei der Herstellung des Röckchens hat sich Viktoria sehr gefreut.

1. Wir legen den Filzstreifen um die Hüfte, markieren die benötigte Länge und kürzen ihn entsprechend.

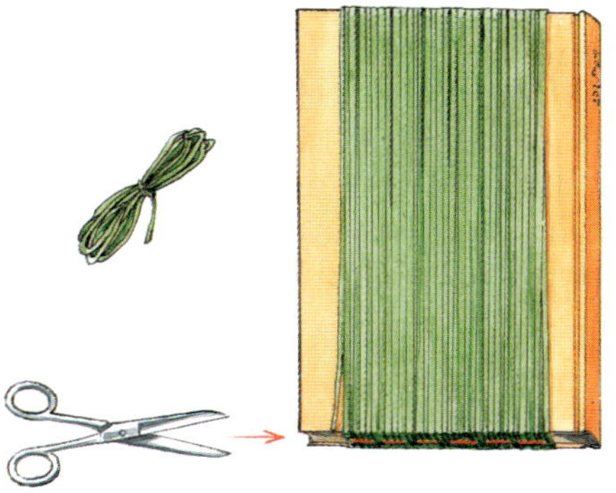

2. Mit grünem Bast umwickeln wir ein hohes Buch. Den Bast ziehen wir nicht zu stramm, sonst reißt er eventuell. Danach schneiden wir an der unteren Buchseite die Fäden durch. So erhalten wir viele gleichlange Fäden, insgesamt benötigen wir mindestens 50 bis 70 Stück.

3. Den Filzstreifen doppeln wir nun der Länge nach und streichen fest

mit dem Fingernagel über die Bruchkante. Dann falten wir den Streifen wieder auseinander.

4. In die untere Hälfte (bis zur Bruchlinie, jedoch etwa 0,5 cm vom Rand entfernt) kleben wir oder ein Erwachsener nun doppelseitiges Klebeband, auf das wir die Bastfäden festdrücken. Die Bastenden sollten nicht über die Mittellinie hinausragen.

5. Nun noch schnell an jedes Ende des Filzes die Bindebänder annähen, sonst können wir den Rock nicht zusammenbinden. Die obere Hälfte des Filzstreifens schlagen wir jetzt über den aufgeklebten Bast. So entsteht ein richtiger Gürtel, dessen Längskante wir mit einigen Stichen noch zusammennähen. Die Bastfäden halten besser, wenn der Gürtel zusätzlich mit der Nähmaschine zweimal abgesteppt wird. Ein Erwachsener ist sicher so nett und übernimmt diesen Arbeitsschritt.
Noch fehlen die hübschen Serviettenblumen (siehe Seite 39), die ebenfalls aufgenäht werden.

HAWAII-RÖCKCHEN

Alter
ab 6 Jahre (mit Hilfe eines Erwachsenen)
Zeit
etwa 1 Stunde
Material
Filzstreifen (10 cm x 70 cm)
Schere
Bast in Grün
Buch (etwa 40 cm hoch)
doppelseitiges Klebeband
Nadel
Faden
2 Bänder (15 cm lang, 1 cm breit)
8 Serviettenblüten

LIMBO

Alter
ab 4 Jahre
Teilnehmer
mindestens 2 Kinder
Material
2 Stühle mit Sprossenlehne
1 Besen (Schrubber, Rechen ...)
Kassettenrecorder oder Radio
kleine Belohnungen

Limbo

Dieser akrobatische Tanz kommt ursprünglich von den Westindischen Inseln. Der Tänzer beugt sich von den Knien an mit dem ganzen Körper zurück und versucht, sich mit schiebenden Tanzbewegungen unter einer Querstange hindurchzubewegen. Professionelle Limbotänzer legen die Stange so tief, daß sie mit ihrem Oberkörper und ihrem Kopf fast den Boden berühren, wenn sie unter ihr durchtanzen.

Wir stellen zwei Stühle so weit auseinander, daß wir noch einen Besen auf die Lehnen legen können. Mit Musikbegleitung aus dem Radio oder noch besser mit Südseemusik aus dem Kassettenrecorder versuchen wir, unter dem Besen durchzutanzen.
Wer unter dem Besen durchkommt, ohne ihn zu berühren, darf an der zweiten Runde teilnehmen. Jetzt wird der Besen eine Sprosse tiefer gelegt. Immer wenn ein Kind es schafft, unter dem Besen durchzutanzen, ohne ihn zu berühren, wird der Besen wieder etwas tiefer gelegt. Das geht so lange, bis der Besen auf der Sitzfläche liegt. Wer es jetzt immer noch schafft, hat sich eine kleine Belohnung verdient.

ICH FLIEGE NACH HAWAII

Alter
ab 5 Jahre
Teilnehmer
mindestens 4 Kinder

Ich fliege nach Hawaii

Dieses bekannte Spiel wird von Kindern immer gern gespielt. Die Mitspieler müssen sich schon konzentrieren, um die Begriffe in der richtigen Reihenfolge zu wiederholen. Bei kleineren Kindern sollte die Teilnehmerzahl nicht zu groß sein, da sie schnell die Lust am Spiel verlieren, wenn sie zu lange warten müssen, bis sie an der Reihe sind.

Wir bilden einen Kreis (Stuhlkreis, oder wir setzen uns auf die Wiese). Ein Kind erzählt: „Ich fliege nach Hawaii und packe meine Badehose ein."
Das nächste Kind sagt den gleichen Satz, doch es packt noch ein Kleidungsstück oder einen Gegenstand dazu. Zum Beispiel: „Ich fliege nach Hawaii und packe meine Badehose und meine Sonnenbrille ein."
Jedes Kind muß den Satz seines Vorgängers wiederholen und noch etwas dazupacken.
Der immer länger werdende Satz wird so lange wiederholt, bis sich ein Kind verspricht oder steckenbleibt. Dieses Kind muß leider ausscheiden. Der Gewinner ist das Kind mit dem besten Gedächtnis.

Südseedrink

Auch Kinder lieben außergewöhnliche Getränke, zudem kochen Kinder sehr gerne. Warum also nicht mal einen ausgefallenen Cocktail anbieten? Es gibt übrigens zahlreiche Cocktailgetränke, die ohne Alkohol gemixt werden. Und wenn die Kinder ganz besondere Freude am Mixen haben, kann ein Erwachsener die Zutaten für verschiedene Getränke vorbereiten. Jedes Kind darf nun selber Barkeeper spielen.

1. Wir tauchen den Rand eines Glases in ein mit Wasser gefülltes Schüsselchen (etwa 0,5 cm tief). Auf einen kleinen Teller geben wir Kristallzucker. Den befeuchteten Glasrand drücken wir auf den Zucker, so entsteht ein schönes Kristalldekor.

2. Wir schneiden die Orangen in der Mitte auseinander. Von einer Orangenhälfte schneiden wir danach eine Scheibe für die Verzierung ab.

3. Nun pressen wir die Orangen mit der Zitruspresse aus und gießen den Saft in ein Schüsselchen. Die Grapefruit schneiden wir ebenfalls in der Mitte durch und pressen sie aus.

4. Die Kiwi teilen wir und löffeln das Fruchtfleisch mit einem kleinen Löffel heraus. Mit dem Küchenmesser zerschneiden wir das Fruchtfleisch in kleine Stückchen und zerdrücken es anschließend mit der Gabel.

5. Den Saft der Orangen, den Saft der Grapefruit und die zerdrückte Kiwi vermischen wir mit dem Löffel im Schüsselchen.

6. Den fertigen Fruchtsaft füllen wir in das vorbereitete Glas. Die Orangenscheibe schneiden wir bis zur Hälfte ein und stecken sie auf den Zuckerrand. Mit einem „Aloa-he" stoßen wir an.

SÜDSEEDRINK

Alter
ab 5 Jahre
Zutaten
2 Orangen
Küchenmesser
Küchenbrett
kleiner Teller
Kristallzucker
Glas
Zitruspresse
Schüsselchen
1 Grapefruit
1 Kiwi
kleiner Löffel
Gabel

Mr. Wong

Hier hat sich Hermann als Chinese verkleidet. Doch wer glaubt, daß alle Chinesen sich so kleiden, der irrt. In China gibt es eigentlich keine typische Landestracht. In diesem Land leben viele Bevölkerungsgruppen, die jeweils ihre eigenen Volkstrachten haben. Diese prunkvollen Festgewänder werden nur zu besonderen Anlässen getragen. Moderne Chinesen in den Städten tragen meist europäische Kleidung, während die Landbevölkerung oft noch im sogenannten Maoanzug anzutreffen ist.

MR. WONG

Alter
ab 4 Jahre
Zeit
etwa 15 Minuten
Material
Stirnband
Wasserschminke in Gelb und Schwarz
Schminkschwämmchen
Schminkpinsel

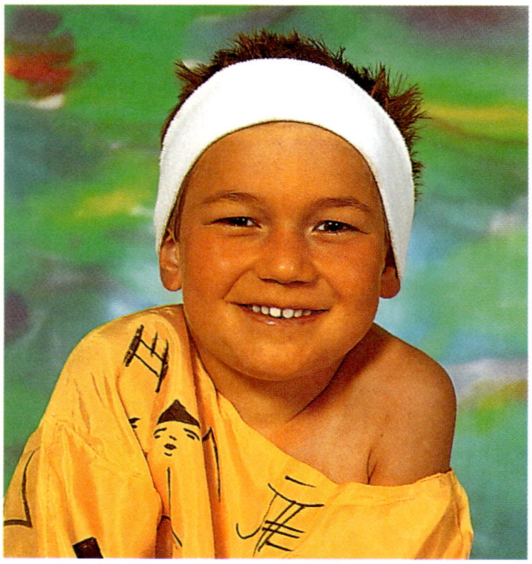

1. Wir binden unsere Haare mit einem Stirnband zurück, damit wir die Grundierung sauber auftragen können. Mit dem angefeuchteten Schwämmchen tupfen wir gelbe Wasserschminke gleichmäßig auf Gesicht und Hals auf. Allerdings darf das Schwämmchen nicht zu naß sein, sonst wird die Farbe fleckig.

2. Mit schwarzer Wasserschminke und einem Schminkpinsel malen wir nun schräge hohe Augenbrauen und einen lustigen Chinesenbart. Die Augenlider verlängern wir ebenfalls mit Schwarz, benutzen aber einen feinen Pinsel. Wir ziehen über den Oberwimpern und unter den Unterwimpern jeweils einen feinen Strich vom inneren bis zum äußeren Augenwinkel und verlängern die Linien schräg nach außen.

3. Mit nassen Fingern und etwas Wasserschminke färben wir unsere Haare dunkel. Dazu streichen wir die Farbe einfach mit den Fingern in die Haare und kämmen unsere Frisur anschließend mit einem Kamm durch.

4. Jetzt fehlt nur noch der Chinesenhut, der ganz leicht selbst hergestellt werden kann. Die Anleitung dafür und für die Kleidung steht auf Seite 46 und 47.

Mit Stäbchen essen

Das Essen mit Stäbchen ist eigentlich gar nicht so schwer. Man muß nur wissen, wie sie richtig gehalten werden. Zuerst klemmt man das untere Stäbchen mit dem Daumen fest, das obere wird ähnlich wie ein Bleistift zwischen Mittel- und Zeigefinger gelegt. Wichtig ist, daß das obere Stäbchen frei beweglich ist. Die Zeichnungen zeigen die richtige Haltung. Natürlich müssen die Speisen beim Zubereiten entsprechend kleingeschnitten werden. Große Steaks kann man nicht mit Stäbchen essen.

Jedes Kind hat gleich viele Stückchen Obst in seinem Schüsselchen liegen. Der Spielleiter gibt das Startsignal. Mit unseren Stäbchen versuchen wir nun, die Obststückchen aufzunehmen und in den Mund zu stecken. Wer am schnellsten auf diese Weise das Obst verspeist hat, ist der Gewinner.

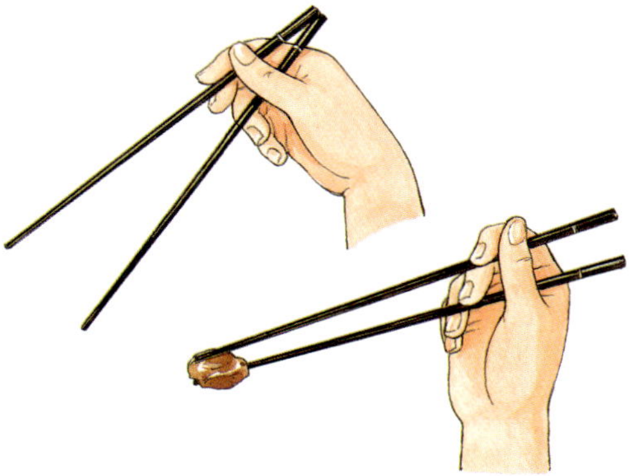

Wir sprechen Chinesisch

Dies ist ein Kinderspiel, das auch schon unsere Eltern kannten. Es ist ein bißchen Konzentration nötig, aber das Spiel macht trotzdem großen Spaß.

Jedes Kind denkt sich einen Satz aus, in dem mindestens zwei *R* vorkommen. Statt jedem *R* in diesem Satz muß nun ein *L* gesprochen werden.
Beispiel: Aus „Ich reise gerne nach Griechenland“ wird „Ich leise gelne nach Gliechenland“. Reihum müssen die Kinder fünf solcher Sätze sprechen. Wer die wenigsten Fehler gemacht hat, hat gewonnen.

MIT STÄBCHEN ESSEN

Alter
ab 4 Jahre
Teilnehmer
mindestens 2 Kinder
Material
kleine Schüssel
kleingeschnittenes Obst
für jedes Kind zwei Stäbchen

WIR SPRECHEN CHINESISCH

Alter
ab 6 Jahre
Teilnehmer
mindestens 3 Kinder

Chinesenhut und Hemd

CHINESENHUT UND HEMD

Alter
ab 4 Jahre
Zeit
etwa 20 Minuten
Material
1 Topfdeckel (25 cm Durchmesser)
Bleistift
Tonpapier in Gelb
Schere
schwarzer Filzstift
Bürohefter
Klebstoff
dünnes Gummiband (Hutgummi)
Tonpapierstreifen in Schwarz (3 cm x 30 cm)
Geschenkband (etwa 15 cm lang)
gelbes T-Shirt
schwarze Stoffmalfarbe

Wie bereits gesagt, entspricht das Kostüm eher der europäischen Vorstellung von chinesischer Kleidung. Wichtigstes Utensil dabei ist der Hut, der recht leicht zu basteln ist. Wer lange Haare hat, kann sie zu einem Zopf flechten; sonst wird er aus Papierstreifen gebastelt.

1. Wir zeichnen mit einem Bleistift die Umrisse des Deckels auf dem gelben Tonpapier nach und schneiden den entstandenen Kreis aus. Um die Mitte zu bestimmen, zeichnen wir etwa 3 Durchmesserlinien dünn mit Bleistift ein.

2. Mit einem schwarzen Filzstift malen wir chinesische Phantasiezeichen auf das Tonpapier. Dann schneiden wir den Kreis mit der Schere bis zur Mitte ein.

3. Nun legen wir die Schnittstellen übereinander, bis die typische Chinesenhutform entsteht. Anschließend kleben oder klammern wir den Hut zusammen.

4. Damit der Hut nicht immer vom Kopf rutscht, befestigen wir mit dem Bürohefter ein Gummiband.

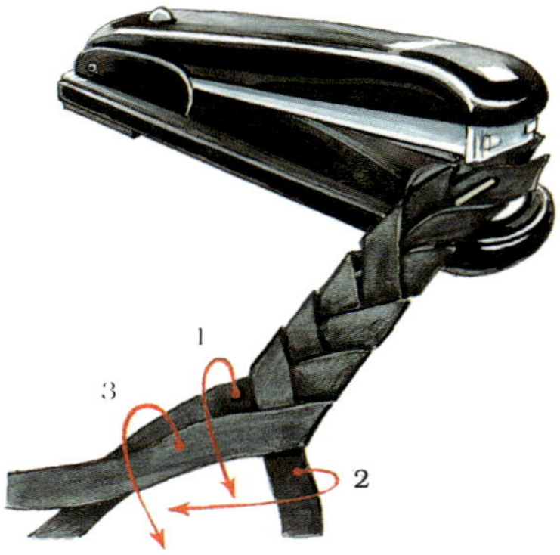

5. Aus dem schwarzen Tonpapier schneiden wir drei Streifen von je 1 cm Breite und 30 cm Länge aus und flechten daraus einen Zopf. Damit die Zopfenden nicht aufgehen, klammern wir sie fest.

6. Mit einem Geschenkband verzieren wir das sichtbare Zopfende. Das andere Ende klammern wir an der Innenseite des Hutes fest.

7. Als Chinesenhemd genügt ein gelbes T-Shirt oder ein gelbes Hemd, das wir mit schwarzer Stoffmalfarbe bemalen. Natürlich sollte unsere Malerei auch wieder chinesische Phantasiezeichen darstellen. Zu dem Oberteil ziehen wir eine schwarze Hose, eine Radlerhose oder eine Leggins an.

Drei Chinesen mit dem Kontrabaß

Rechts steht der Grundtext des Liedes. Er wird in den folgenden Strophen abgewandelt, indem alle Selbstlaute (Vokale), die im Text vorkommen, durch einen einzigen ersetzt werden.

Wenn wir als erstes das A einsetzen, so lautet unser Textanfang:
Dra Chanasan mat dam Kantrabaß
Mit E klingt es dann so:
Dre Chenesen met dem Kentrebeß

Wir müssen uns sehr anstrengen und unsere Sprechmuskulatur richtig überwachen, um das Lied mit dem gewählten Vokal durchzuhalten. So gesehen ist es ein gutes Sprechtraining. Was jedoch das Wichtigste ist: Es ist lustig und macht allen Spaß!

DREI CHINESEN MIT DEM KONTRABASS

Alter
ab 4 Jahre

überliefert

Maharadscha Rajiv

Indien ist ein Land, dessen Größe wir uns kaum vorstellen können. In Indien leben viele Bevölkerungsgruppen, die ganz verschiedenen Glaubensrichtungen angehören. Aus diesem Grunde ist auch die Kleiderordnung in Indien nicht einheitlich, da jede Religion andere Richtlinien hat. Alexanders Kostüm entspricht eher der europäischen Vorstellung eines typischen Inders.

MAHARADSCHA RAJIV

Alter
ab 4 Jahre
Zeit
etwa 2 Minuten
Material
Schminkpinsel
rote Wasserschminke

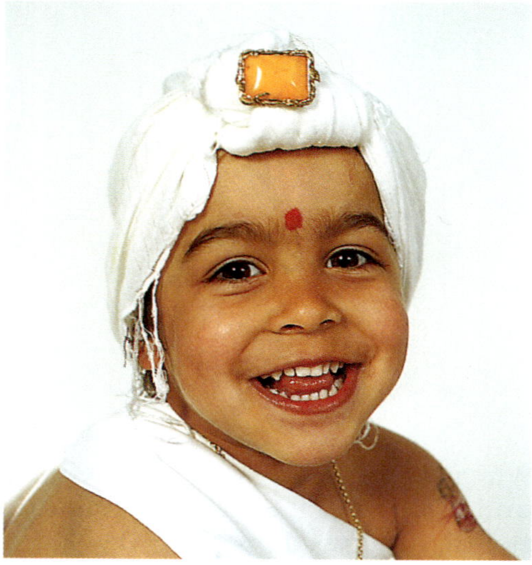

1. Wenn wir uns als Inder verkleiden wollen, brauchen wir uns kaum zu schminken. Es genügt, wenn wir mit roter Wasserschminke und einem Pinsel einen kleinen roten Punkt zwischen die Augenbrauen auf die Stirn malen.

2. Das wichtigste Requisit bei dieser Verkleidung ist der Turban; hinzu kommt das gewickelte Kleid.

INDISCHER TURBAN

Alter
ab 4 Jahre (eventuell mit Hilfe eines Erwachsenen)
Zeit
etwa 5 Minuten
Material
1 sehr großes helles Tuch (Manteltuch)
1 Brosche

Indischer Turban

Beim Wickeln des Turbans muß darauf geachtet werden, daß das Tuch immer ziemlich fest gezogen wird, denn der Turban soll ja nicht gleich bei der ersten Bewegung vom Kopf rutschen. Sicher ist auch ein bißchen Übung erforderlich, bis der Turban so perfekt gelingt wie auf dem Foto.

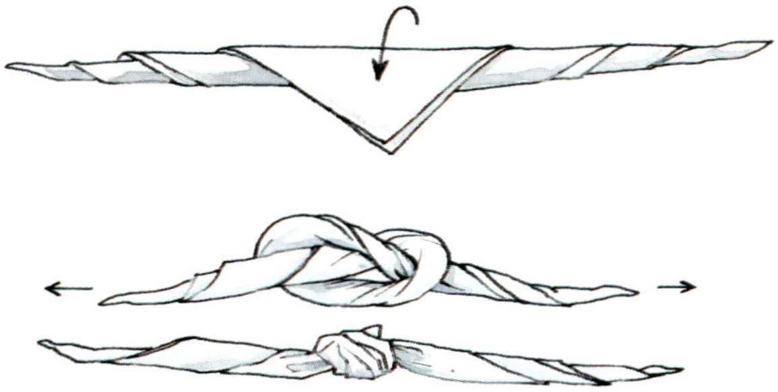

1. Als erstes legen wir das Tuch zu einem Dreieck zusammen und rollen es dann zu einem Stirnband. In der Mitte des Tuches machen wir einen Knoten.

2. Jetzt legen wir das Tuch mit dem Knoten auf die Stirn und führen die beiden Tuchenden zum Hinterkopf. Dort binden wir einen festen Doppelknoten. Hierbei muß ein Erwachsener helfen.

3. Die Tuchzipfel legen wir von hinten über den Kopf nach vorne und bedecken damit unsere Haare. Eventuell müssen wir sie seitlich leicht unter das festgezogene Band stecken. Die Enden verstecken wir im Bereich des Stirnknotens.

4. Zur Verschönerung des Turbans können wir am vorderen Knoten eine Brosche befestigen.

Wickelkleid

In Indien ist es teilweise sehr heiß, deshalb tragen die Leute möglichst weite und luftige Kleidung, oft eine Art Wickelkleid. Dieses aus einem einfachen Bettlaken eignet sich für Jungen wie für Mädchen.

1. Die Tischdecke oder das Bettuch falten wir in der Mitte so, daß eine Lage von den Achseln bis zu den Fußknöcheln reicht.

2. Wir umwickeln unseren Körper unterhalb der Achseln fest mit dem Tischtuch. Vom doppelt gelegten Tuch wird übrigens die kürzere Lage beim Wickeln nach außen gelegt. Mit einer Sicherheitsnadel steckt nun ein Erwachsener nach 1½ Umwicklungen den Anfang des Tuches fest. Den letzten Stoffteil ziehen wir über die Schulter.

3. Ein Erwachsener näht das Ende vorne fest oder befestigt es mit einer Sicherheitsnadel.

WICKELKLEID

Alter
ab 4 Jahre
Zeit
etwa 5 Minuten
Material
alte mittelgroße Tischdecke oder Bettuch
2 Sicherheitsnadeln oder Faden
Nadel
Schere

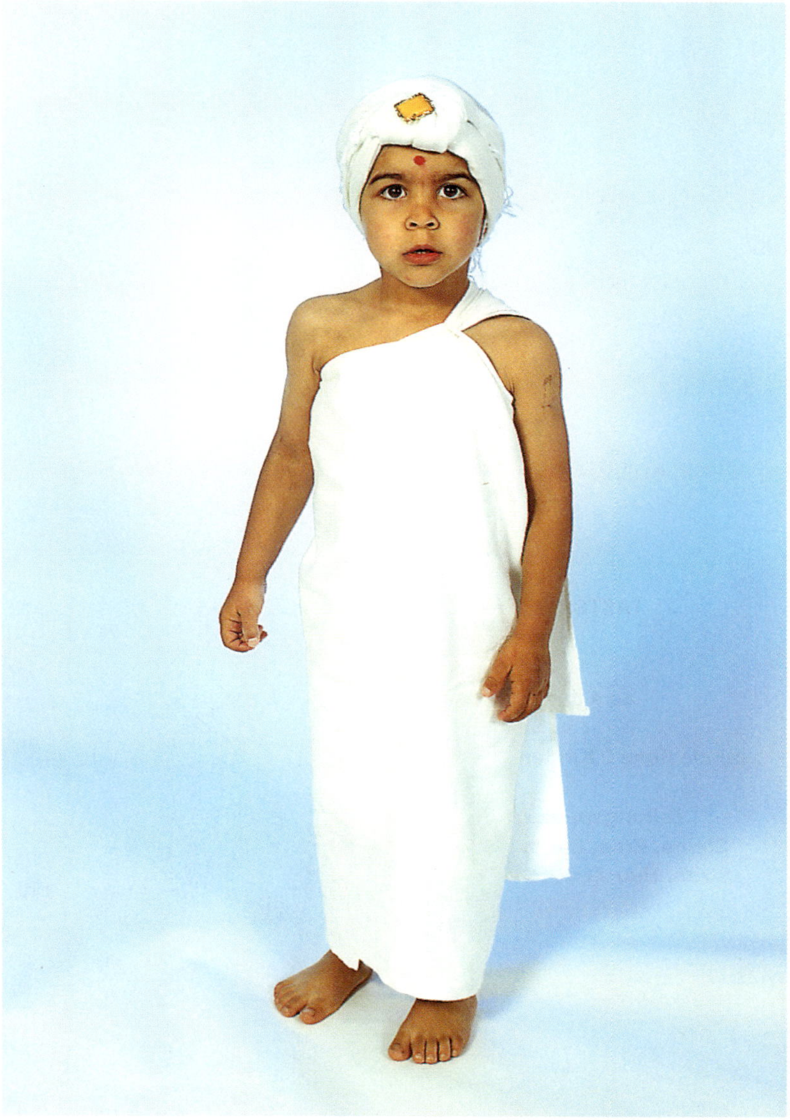

Tastspiel

Da viele Inder sehr oft barfuß laufen oder nur dünne Sandalen tragen, erkennen sie oft ohne hinzusehen, worauf sie treten. Der Tastsinn der Füße von Europäern ist durch das ständige Tragen von Schuhen nicht so gut entwickelt. Ob dies stimmt? Das Spiel wird es zeigen.

Wir breiten Zeitungspapier zu einem langen Teppich aus und legen verschiedene Materialien (Gras, Heu, Erde, Stroh, Steine, Federn ...) auf die Zeitungsblätter. So entsteht ein richtiger Tastpfad.
Einem Kind werden nun die Augen verbunden, und es wird zum Tastpfad geführt. Mit nackten Füßen muß es darüber spazieren und tasten, worauf es gerade steht.
Wer am meisten erfühlen kann, ist der Tastsieger. Damit wir das Spiel öfter durchführen können, brauchen wir nur die Reihenfolge der Materialien zu verändern oder einige neue dazuzulegen.

TASTSPIEL

Alter
ab 4 Jahre
Teilnehmer
mindestens 2 Kinder
Material
Zeitungspapier
Steine, Erde, Sand,
Stroh, Heu, Gras ...

Wir verreisen

Gerade in der Urlaubszeit hört man oft: „Wir fahren nach ...“ oder „wir fliegen nach ...“. Da es heute kein Problem mehr ist, weite Strecken zu überbrücken, bieten Reisebüros Urlaubsziele in der ganzen Welt an. Mal sehen, welche Ferienorte oder -länder Kindern so einfallen.

Wir sitzen im Kreis, ein Kind setzt sich in die Mitte. Jedes Kind denkt sich schnell ein Land aus und teilt es den anderen laut mit. Das Kind in der Mitte versucht, sich alle Länder zu merken. Jedes Land sollte nur einmal genannt werden.
Nun beginnt das Spiel. Das Kind in der Mitte ruft zum Beispiel: „Ich fliege von Hawaii nach China.“
Die Kinder, die Hawaii und China genannt haben, müssen jetzt die Plätze tauschen.
Hat das Kind in der Mitte ein Land genannt, das nicht vorgekommen ist, kommt ein anderes Kind in die Mitte. Gleiches gilt auch, wenn alle Kreiskinder einmal den Platz gewechselt haben.
Dieses Spiel fördert nicht nur die Konzentration des Kindes, das in der Mitte sitzt. Auch die Kreiskinder müssen aufpassen, ob ihr gewähltes Land genannt wird. Wer „schläft“ und den Platz nicht wechselt, muß ein Lied singen.

Mumien einwickeln

In Ägypten, dem Land am Nil, sind die ältesten Mumien gefunden worden. Wie wäre es, einmal selbst Mumien herzustellen? Obwohl die Mitspieler noch sehr lebendig sind, macht das Einwickeln mit Toilettenpapier unheimlichen Spaß, besonders wenn es ein Wettspiel ist.

Jeweils zwei Kinder bekommen eine Rolle Toilettenpapier. Ein Kind ist die Mumie und läßt sich stehend von Kopf bis zu den Füßen mit Papier einwickeln. Wenn das Startsignal ertönt, geht's los. Jetzt heißt es, so schnell wie möglich das Toilettenpapier um den Körper der Mumie zu wickeln.
Wer als erster die Rolle ganz um den Mumienkörper gewickelt hat, ist der Sieger. Jedes Kind ist einmal Mumie, dann wird getauscht, und es darf die Mumie einwickeln.

WIR VERREISEN

Alter
ab 6 Jahre
Teilnehmer
mindestens 5 Kinder

MUMIEN EINWICKELN

Alter
ab 4 Jahre
Teilnehmer
mindestens 4 Kinder
Material
1 Toilettenpapierrolle je Kind

WEROBA
AUS OSTAFRIKA

Alter
ab 4 Jahre
Zeit
etwa 20 Minuten
Material
brauner Augenbrauen- oder Kajalstift
Schminkschwämmchen
Wasserschminke in Braun und Schwarz
feiner Pinsel
bräunlicher Lippenstift

Weroba aus Ostafrika

In vielen Gegenden Afrikas tragen vor allem Frauen die Ernte oder eingekaufte Dinge auf dem Kopf nach Hause. Sie legen dabei oft weite Wege zurück, denn die Orte liegen selten so dicht beieinander wie bei uns. Das Tragen der Last bedarf einiger Übung. Auch Lisa muß noch die Hände zur Hilfe nehmen, damit ihr die Schale mit Obst nicht vom Kopf rutscht.

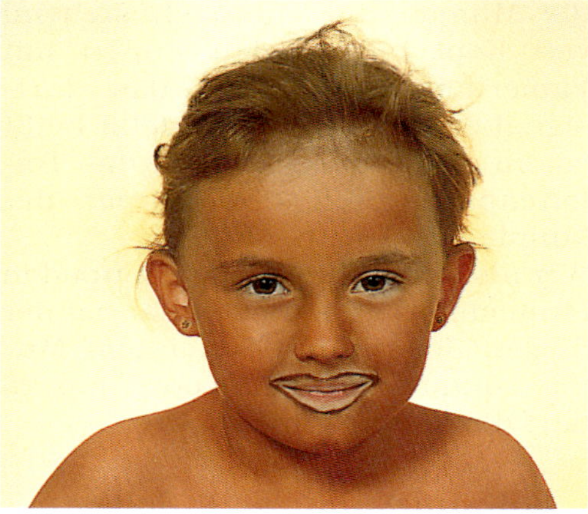

1. Entweder frisieren wir uns die Haare aus dem Gesicht und stecken sie nach oben fest, oder wir bändigen sie mit einem Stirnband.

2. Mit einem braunen Kajal- oder Augenbrauenstift zeichnen wir uns einen großen Mund. Braune Wasserschminke tragen wir mit einem feuchten Schminkschwämmchen im Wischverfahren über Gesicht, Hals, Oberkörper und Arme auf.

3. Mit einem feinen Pinsel wird schwarze Wasserschminke vom inneren bis zum äußeren Augenwinkel auf dem Oberlid, dicht an den Wimpern entlang, aufgetragen. So wirken unsere Augen dunkler. Den Mund malen wir noch mit einem bräunlichen Lippenstift aus.

KOPFBEDECKUNG
DER AFRIKANERIN

Alter
ab 5 Jahre (mit Hilfe eines Erwachsenen)
Zeit
etwa 10 Minuten
Material
1 großes Kopftuch
1 mittelgroßes Kopftuch

Kopfbedeckung der Afrikanerin

Aus Tüchern ist schnell ein Haltering für die auf dem Kopf zu tragenden Gegenstände gefertigt. In manchen Gegenden Afrikas werden statt der Tücher Bast- oder Strohkränze auf den Kopf gelegt.

1. Wir falten ein großes Tuch zu einem Dreieck. Dann rollen wir eine Wulst und legen das Tuch auf den Kopf. Von der Stirn aus führen wir die Enden zum Hinterkopf.

2. Jetzt kreuzen wir das linke über das rechte Tuchende und führen beide Enden wieder nach vorne zur

Stirn. Hier kreuzen wir abermals die Enden, um sie nach hinten zu führen. Diesen Vorgang wiederholen wir so lange, bis nur noch kurze Tuchenden übrigbleiben. Diese stekken wir unter die Wicklung.

3. Das kleinere Tuch rollen wir zu einem Stirnband zusammen und legen es auf der Stirn über das vorhandene Tuch. Wir führen die Enden zum Hinterkopf, kreuzen sie dort und führen sie wieder nach vorne. Die Enden des Tuches verstecken wir seitlich.

Balancespiel

Dieses Spiel eignet sich für ein Fest in der Wohnung, man kann es aber auch draußen spielen.

Um ein Gefühl dafür zu bekommen, welche Haltung wir einnehmen müssen, damit ein Gegenstand nicht von unserem Kopf herunterrutscht, üben wir mit einem kleinen Kissen. Danach legt jeder sein Buch auf den Kopf und probiert, ohne Hilfe der Hände, das Buch so lange wie möglich oben zu halten.
Gewonnen hat, wer das Buch am längsten balancieren kann. Um das Spiel zu erschweren, können wir versuchen, dabei zu gehen.

Holzperlenkette

Ketten werden wohl von allen Frauen, gleich aus welchem Land sie kommen, gerne getragen. Die Materialien, aus denen die Ketten gefertigt werden, sind jedoch unterschiedlich.

Wir fädeln viele kleine Holzperlen in der gleichen Farbe auf eine dünne Schnur. Wenn unsere Kette lang genug ist, verknoten wir die Schnur und schneiden sie ab.
Auf diese Weise können wir viele bunte Ketten herstellen. Wenn wir uns alle Ketten übereinander umhängen, sieht es besonders gut aus.

HOLZPERLENKETTE

Alter
ab 4 Jahre
Zeit
etwa 30 Minuten
Material
bunte Holzperlen mit großem Loch
dünne Schnur
Schere

BALANCESPIEL

Alter
ab 4 Jahre
Teilnehmer
mindestens 2 Kinder
Material
für jedes Kind ein Sofakissen und ein Buch

INDIANERHÄUPTLING BUNTE FEDER

Alter
ab 4 Jahre
Zeit
etwa 5 Minuten
Material
Schminkpinsel
Wasserschminke in Rot, Gelb und Blau

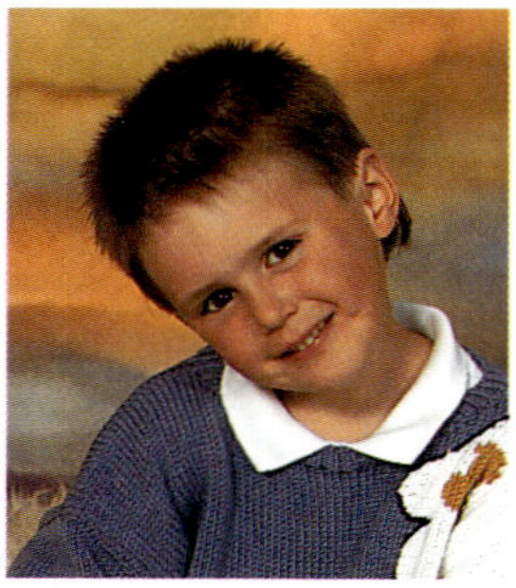

FEDERSCHMUCK FÜR DEN HÄUPTLING

Alter
ab 4 Jahre
Zeit
etwa 1½ Stunden
Material
Wellpappestreifen (130 cm x 4,5 cm)
Maßband
Schere
Faserschreiber in Schwarz, Grün, Rot und Gelb
Gummiband (1 cm breit, etwa 40 cm lang)
Bürohefter
bunte Federn
Klebstoff

Indianerhäuptling Bunte Feder

Schon seit mehreren Generationen ist das Indianerkostüm bei Jungen besonders beliebt. Und dies nicht einmal unbedingt nur zur Faschingszeit. Bietet sich doch der Sommer wesentlich eher an, die Geschichten von Winnetou und Old Shatterhand nachzuspielen. Roman ist ganz stolz auf seinen tollen Häuptlingsschmuck.

1. Mit roter Wasserschminke und einem Pinsel ziehen wir einen breiten Strich über die Nase von Wangenknochen zu Wangenknochen. Dicht darunter ziehen wir einen gelben, direkt im Anschluß einen blauen Strich.

2. Auf die Wangen schminken wir mit blauer Wasserschminke ein umgekehrtes *V*, in das wir ein gelbes einsetzen. Den Abschluß auf den Wangen bildet ein senkrechter roter Strich.

3. Nun bemalen wir noch das Kinn. Ein senkrechter breiter Strich in Gelb genügt fast, daneben können wir noch einen roten und einen blauen anfügen.

Federschmuck für den Häuptling

Ein richtiger Häuptling braucht natürlich seinen persönlichen Kopfschmuck. Dieser läßt sich schnell herstellen. Wichtig ist, daß genügend große Federn, ob selbst gesammelt oder gekauft, vorhanden sind.

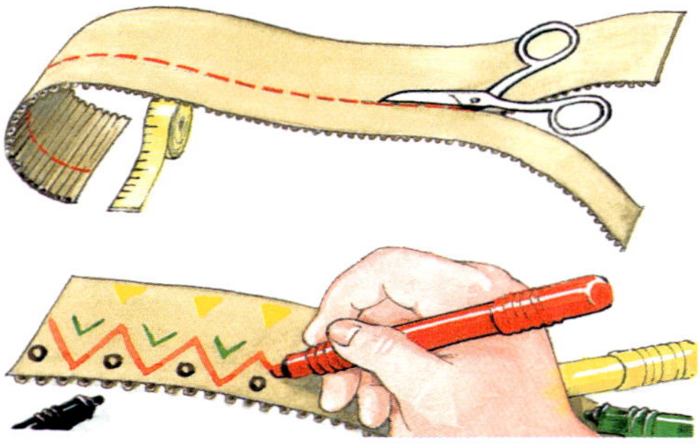

1. Wir bemalen den Wellpappestreifen mit den Faserschreibern nach unserem Geschmack mit selbsterfundenen Indianermustern.

2. Den Wellpappestreifen legen wir jetzt um die Stirn und markieren die stellen, an denen das Gummiband (eventuell vorher kürzen) befestigt werden soll. Mit dem Bürohefter klammern wir oder ein Erwachsener das Gummiband an, so daß unser Kopfschmuck auch hält.

3. Zum Schluß kleben wir mit Klebstoff die bunten Federn in beliebiger Farbreihenfolge in die Löcher der Wellpappe.

4. Auch der Häuptling hat wie die Indianerin eine Holzperlenkette mit Federverzierung um den Hals. Die Anleitung dafür steht auf Seite 59. Speer und Lendenschurz sind auf der folgenden Seite erklärt.

INDIANERSPEER

Alter
ab 4 Jahre
Zeit
etwa 15 Minuten
Material
1 Stock (leicht zugespitzt)
Alufolie
Klebstoff
Isolierbänder in verschiedenen Farben
bunte Federn

Indianerspeer

Den Speer benötigt der Indianer, wenn er auf die Jagd geht. Jeder hat übrigens seinen eigenen, den er auch am „Griff“ mit einem eigenen Muster kennzeichnet.

1. Das zugespitzte Ende des Stocks umwickeln wir mit Alufolie, die mit ein paar Tropfen Klebstoff fixiert wird. Die Alufolie wirkt wie eine Metallspitze, und der Speer sieht recht gefährlich aus.

2. Den Stock verzieren wir nach eigenem Geschmack phantasievoll mit bunten Isolierbändern.

3. Nun kleben wir noch schnell die bunten Federn mit Isolierband am Ende des Speers fest.

Lendenschurz

Wenn es schön warm ist, genügt ein Lendenschurz als Bekleidungsstück. An kühlen Tagen sollten aber schon eine längere Hose und ein T-Shirt angezogen werden. Spezielle Schnitte für langärmlige (-beinige) Indianerkostüme werden meist in der Faschingszeit in Zeitschriften oder Schnittmustersonderheften abgedruckt.

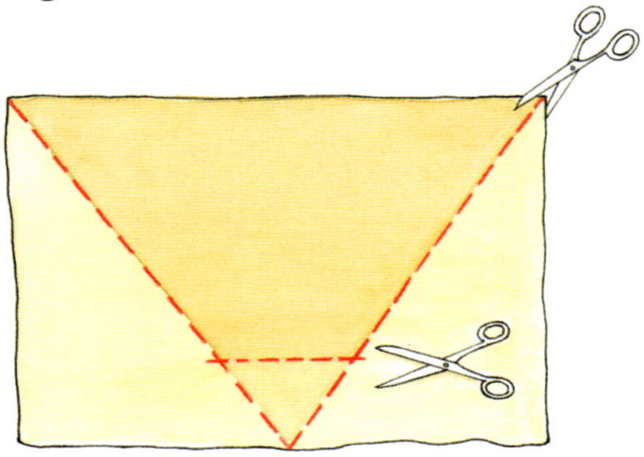

1. Wir schneiden aus den Fensterledern (oder aus dem Stoff) jeweils ein Dreieck aus. Damit eine schönere Form entsteht, schneiden wir die untere Spitze der Dreiecke ab.

2. Die beiden Dreiecke knoten wir über den Hüften zusammen. Schon ist unser Lendenschurz fertig.

Speerwerfen

Der Umgang mit dem Speer will geübt sein, und auch auf der Jagd trifft noch längst nicht jeder abgeworfene Speer ins Ziel. In diesem Spiel soll nun der beste Jäger des Stammes ermittelt werden.

Wir markieren mit Steinen oder Holzstückchen am Boden ein Feld von etwa 50 cm Durchmesser. Das ist unser Ziel. Nun kennzeichnen wir noch mit einem Stein die Mitte. Wir entfernen uns etwa 15 Schritte von dieser Markierung und stellen uns im gleichen Abstand auf.

Auf ein Zeichen werfen alle Kinder ihren Speer in das markierte Feld. Erst wenn alle geworfen haben, laufen wir näher, um zu sehen, wessen Speer der Mitte am nächsten gekommen ist.

Der Sieger erhält einen roten Strich auf den Handrücken. Wir wiederholen das Spiel einige Male. Wer am Schluß die meisten Striche hat, ist der beste Jäger des Stammes.

Indianertanz

Die erfolgreiche Jagd wird oft tagelang mit Gesang und Tanz gefeiert. Im Mittelpunkt der Feier steht das Lagerfeuer, um das jedes Stammesmitglied seinen ganz persönlichen Freudentanz ausführt.

Wir legen Steine zu einem Kreis zusammen und füllen ihn mit rotem Kreppapier. Nun haben wir eine Feuerstelle. Wer will, denkt sich einen Freuden- oder Kriegstanz aus und führt ihn uns rund um das Feuer vor. Zum Abschluß tanzen wir alle, klatschen in die Hände und singen dazu:

HUGA-TSCHAKA, HUGA-TSCHAKA,
HUGA, HUGA, HUGA-TSCHAKA,
HUGA-TSCHAKA, HUGA-TSCHAKA,
HUGA, HUGA, HUGA-TSCHAKA ...

SPEERWERFEN

Alter
ab 4 Jahre
Teilnehmer
mindestens 2 Kinder
Material
Speer
Markierung
(zum Beispiel Steine, Latten, Holzstücke)
roter Stift

INDIANERTANZ

Alter
ab 3 Jahre
Teilnehmer
mindestens 2 Kinder
Material
Steine
Kreppapier in Rot

LENDENSCHURZ

Alter
ab 4 Jahre
Zeit
etwa 5 Minuten
Material
2 Fensterleder, einfache Jute oder hellbrauner Stoff
Schere

Squaw Lächelnder Blick

So richtig Spaß macht das Indianerspielen erst, wenn einige Mädchen mit zu dem Stamm gehören. Wie die Jungen, so bekommen auch die Mädchen ihre Indianernamen. Viktoria wird „Lächelnder Blick" genannt. Sie ist im Spiel die Schwester des Häuptlings.

SQUAW LÄCHELNDER BLICK

Alter
ab 4 Jahre
Zeit
etwa 5 Minuten
Material
Stirnband
feiner Schminkpinsel
breiter Schminkpinsel
Wasserschminke in Schwarz, Rot, Grün und Gelb

1. Auch wenn wir nicht viel schminken müssen, binden wir unsere Haare mit einem Stirnband aus dem Gesicht.

2. Damit unsere Augen dunkler wirken, zeichnen wir mit einem feinen Pinsel und schwarzer Wasserschminke vom inneren bis zum äußeren Augenwinkel einen Strich auf das obere Lid, dicht an den Wimpern entlang.

3. Wir malen nun mit roter Wasserschminke und einem breiteren Pinsel ein großes umgekehrtes *V* auf den Nasenrücken. Darunter setzen wir mit gelber Farbe ein kleines umgekehrtes *V*. Den Abschluß bildet ein kleiner grüner Strich.

4. Mit einem breiten Pinsel und grüner, gelber und roter Wasserschminke setzen wir jetzt drei Striche untereinander auf die Wangen. Das Kinn erhält einen breiten senkrechten Strich in Gelb, daneben schmale rote oder grüne Linien.

5. Nun ist das Make-up der Squaw fertig. Eine passende Frisur und einige typische Accessoires wie Stirnband, Perlenkette und Kleid vervollständigen unsere Verwandlung.

6. Die Frisur der Squaw richtet sich nach der Haarlänge. Hier einige Vorschläge, wie wir die Haare am besten kämmen.
Bei sehr langem Haar scheiteln wir die Haare in der Mitte und flechten zwei lockere Zöpfe, an deren Enden wir einfarbige Bänder mit hineinflechten.
Bei mittellangem Haar ziehen wir einen Mittelscheitel und binden die Haare mit bunten Bändchen zu zwei offenen Zöpfchen.
Bei kurzem Haar ziehen wir in der Mitte einen Scheitel und lassen die Haare offen herunterhängen. Wir können den Scheitel auch noch mit etwas Haarspray oder -gel fixieren.

Kleid der Squaw

Wem dieser Kleiderschnitt bekannt vorkommt, der hat vielleicht schon das Kleid des Blumenkindes oder des Schmetterlings genäht. Wer keine Lust zum Nähen hat, der kann ein langes T-Shirt (eventuell von einem Erwachsenen) anziehen.

1. Die beiden Arbeitsschritte Maßnehmen und Zuschneiden sind für die in diesem Buch beschriebenen Hängekleider immer gleich. Eine ausführliche Anleitung steht auf Seite 16 unter dem Stichwort: Blumiges Kleid.

KLEID DER SQUAW

Alter
ab 7 Jahre
Zeit
etwa 1 Stunde
Material
Maßband
Waschleder oder Jute in Beige oder Braun (60 cm x 160 cm)
Nadel
Faden
Schere
Holzperlen

2. Nachdem der Halsausschnitt herausgeschnitten ist, messen wir von der Schulterlinie seitlich etwa 15 cm nach unten ab. Dies wird das Armloch. Ab hier nähen wir die Seiten zusammen. Eventuell kann ein Erwachsener die Seiten mit der Nähmaschine zusammennähen.

3. Nun schneiden wir in den Armausschnitt 1 cm breite Fransen. Wir können auch an der unteren Kante des Kleides Fransen schneiden. Wenn es uns gefällt, nähen wir rund um den Halsausschnitt noch kleine Holzperlen an.
Halskette, Arm- und Stirnband sind rechts und auf Seite 60 erklärt.

Halskette und Armband

Diese typischen Utensilien der weiblichen Indianerkleidung können ganz nach den eigenen Vorstellungen und den persönlichen Fähigkeiten gestaltet werden.

1. Wir schneiden unsere Schnur in gewünschter Länge ab und fädeln die Holzperlen auf.

2. Wenn genügend Perlen aufgezogen sind, knoten wir die Schnur zu einer Kette zusammen.

3. Zwischen die Holzperlen binden wir mit einem Faden bunte Federn fest. Hübsch sieht es aus, wenn immer zwei oder drei Federn an einer Stelle angebracht werden. Da dies etwas schwierig ist, sollte uns ein älteres Kind oder ein Erwachsener dabei helfen.

4. Das Armband wird wie die Halskette hergestellt. Anstelle der Schnur verwenden wir allerdings einen Rundgummi, damit das Armband elastisch ist.

HALSKETTE UND ARMBAND

Alter
ab 4 Jahre
Zeit
etwa 15 Minuten
Material
dünne Schnur
Schere
Holzperlen
bunte Federn
Faden
Gummiring

Stirnband

Alter
ab 4 Jahre
Zeit
etwa 15 Minuten
Material
Gummiband (5 cm breit, Länge je nach Kopfumfang)
Schere
Faserschreiber in Grün, Rot, Gelb und Schwarz
Nadel und Faden
zwei lange bunte Federn

Das wichtigste Utensil des Indianerkostüms ist natürlich das Stirnband, das von männlichen und weiblichen Stammesmitgliedern getragen wird. Nur der Häuptling und der Medizinmann dürfen einen schönen, langen Federschmuck anlegen.

1. Wir legen das Gummiband um den Kopf, markieren die richtige Länge und schneiden es an der Markierung ab. Mit grünen, roten, gelben und schwarzen Faserschreibern malen wir Indianermuster auf.

2. Anschließend nähen wir oder ein Erwachsener die beiden Enden des Gummibandes zusammen.

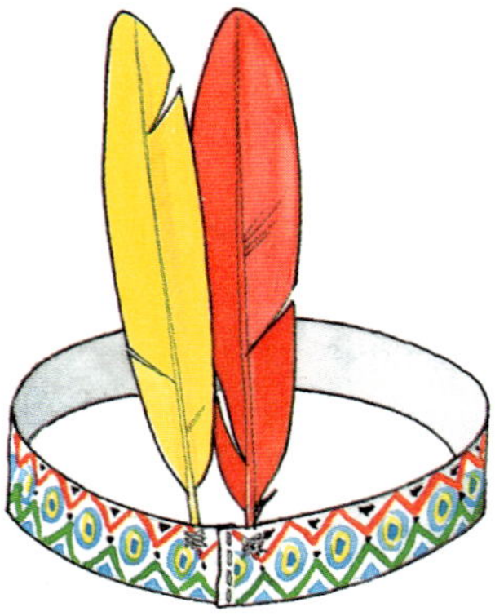

3. Wenn wir das Stirnband um den Kopf tragen, können wir hinten unter das Band zwei lange Federn stecken. Wer will, kann sie auch festnähen.
Auf gleiche Weise können wir auch Armbänder herstellen. Das Gummiband sollte dann allerdings etwas schmaler sein.

Wir bauen ein Wigwam

Wenn es draußen schön warm ist, bietet es sich an, ein Indianerfest zu veranstalten. Im Mittelpunkt steht neben dem Lagerfeuer, in dem später Kartoffeln (in Alufolie) gegart werden, das große Indianerzelt. Auf dessen Außenwänden ist das Zeichen des Stammes deutlich zu erkennen.

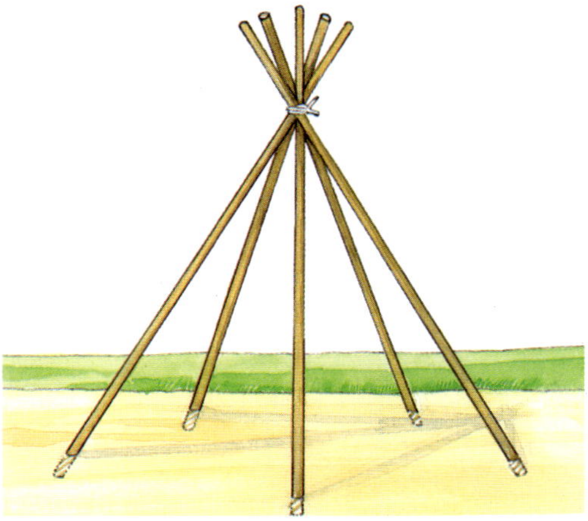

1. Wir binden die Stangen, etwa 20 cm von einem Ende entfernt, fest mit der Schnur zusammen. Ein Erwachsener zieht die Stangen am anderen Ende auseinander und steckt sie als Wigwamgerüst fest in den Boden.

2. Das Gerüst umhüllen wir mit Bettüchern, Decken oder alten Übergardinen und fixieren sie mit Wäscheklammern oder Reißzwecken. Nur eine Seite lassen wir für den Eingang offen.

3. Das Zelt wird nun noch bemalt. Wichtig ist das Stammeszeichen, etwa das umgekehrte *V* in mehreren Farben. Jeder darf natürlich auch noch eine typisch indianische Zeichnung auf den Stoff malen.

WIR BAUEN EIN WIGWAM

Alter
ab 4 Jahre (mit Hilfe eines Erwachsenen)
Zeit
etwa 1 Stunde
Material
5 Bambusstangen oder andere Latten (etwa 1,5 m bis 2 m lang)
stabile Schnur
alte Decken, Bettücher oder Übergardinen
Wäscheklammern oder Reißzwecken
Stoffmalfarbe (verschiedene Farben)
Pinsel

Seht die Bäume, ganz grün sind sie noch.
Aber glaubt es mir – sie färben sich doch!
Der Wind jetzt schon sehr kräftig weht,
es kommt der Herbst, der Sommer geht.
Wir sammeln fleißig Blätter und Ähren,
Kastanien, Eicheln und allerlei Beeren.
Die Vogelscheuche bewacht den Mais –
ob der Rabe das auch weiß?

R
BST

Hexe Kniesebein

HEXE KNIESEBEIN

Alter
ab 6 Jahre
Zeit
etwa 15 Minuten
Material
breites Stirnband
Wasserschminke in Hellgrün, Rot, Weiß und Schwarz
Schminkschwämmchen
dünner Schminkpinsel
Zahnlack in Schwarz
Glitterspray

Wenn in der Morgendämmerung die Herbstnebel aus den Wiesen und Feldern aufsteigen und Häuser und Wald wie in Watte gepackt dastehen, sieht die Landschaft recht gespenstisch aus. Dann ist die Zeit gekommen, in der die Hexe Kniesebein und ihre Freundinnen sich auf ihre Besen schwingen und zum Hexen- und Zauberfest fliegen.
Hier hat sich Sibylle in eine Hexe verwandelt. Die empfindlichen Augen sollten übrigens von einem Erwachsenen geschminkt werden.

1. Bevor es losgeht, binden wir mit dem Stirnband die Haare aus dem Gesicht, damit sie beim Schminken nicht stören.

2. Wir feuchten unser Schminkschwämmchen mit etwas Wasser an und drücken es fest aus, damit es nicht zu naß ist. Nun entnehmen wir mit ihm hellgrüne Wasserschminke aus dem Näpfchen und tupfen sie gleichmäßig auf Gesicht und Hals.

3. Mit einem dünnen Pinsel und schwarzer Wasserschminke malen wir uns jetzt große hexenhafte Augenbrauen, sie sind von der Nase ausgehend buschig und zeigen außen schräg nach oben. Unter die unteren Wimpern, vom inneren Augenwinkel bis zum äußeren, ziehen wir eine Linie mit roter Wasserschminke. Das sieht besonders gruselig aus.
Danach verlängern wir mit schwarzer Wasserschminke die Augen, indem wir einen schwarzen Strich unter die vorhandene rote Linie ziehen und in Richtung Schläfen verlängern. Auch über die oberen Wimpern ziehen wir auf gleiche Weise einen Strich. Damit sind unsere Hexenaugen perfekt.

4. Den Mund malen wir mit schwarzer Wasserschminke aus. Die Form soll eher spitz sein.

5. Mit dem dünnen Pinsel und schwarzer Wasserschminke malen wir uns tiefe Hexenfalten neben die äußeren Augenwinkel, auf die Stirn, zwischen Nasen- und Mundwinkel und ans Kinn. Nun pinseln wir schwarzen Zahnlack auf einen oder zwei Zähne. Das sieht so aus, als würden Zähne fehlen. Für diese Aktion darf aber wirklich nur spezieller Zahnlack verwendet werden!

6. Jetzt brauchen wir noch die passende Hexenfrisur. Dafür toupieren wir mit einem Kamm die Haare ganz wild. Dann machen wir unsere Finger naß, holen mit ihnen weiße Wasserschminke aus dem Schminknapf und kneten die Farbe in die Haare. So sehen sie grau aus. Um ein besonders edles „Hexenstyling“ zu erzielen, können wir zum Abschluß noch Glitterspray ins Haar sprühen.

Hexenhut

HEXENHUT

Alter
ab 7 Jahre
Zeit
etwa 20 Minuten
Material
schwarzes Tonpapier
Zirkel
Schere
Klebstoff
Wäscheklammer
Lineal
Bleistift
transparenter Klebestreifen
Pauspapier
Goldfolie
Locher
Gummiband

Wer bei der Hexenverkleidung keinen großen Aufwand betreiben möchte, bindet sich einfach ein Kopftuch um. Beeindruckender ist jedoch ein spitzer Hexenhut, der leicht selbst gebastelt werden kann. Ganz kleine Kinder lassen sich am besten von älteren Geschwistern oder einem Erwachsenen helfen.

1. Wir stellen den Zirkel auf 20 cm Radius ein und zeichnen damit auf schwarzem Tonpapier einen Kreis mit einem Durchmesser von 40 cm. Den Kreis schneiden wir aus und teilen ihn genau in der Mitte. Jetzt haben wir zwei Halbkreise, einen davon benötigen wir für den Hut.
Wir kleben diesen Halbkreis (entsprechend unserem Kopfumfang) seitlich an den geraden Kanten mit Klebstoff zusammen, so daß sich ein Spitzhut ergibt. Das geht leichter, wenn wir das Tonpapier etwas vorformen. Während der Kleber trocknet, sorgt eine Wäscheklammer dafür, daß die Kanten nicht verrutschen. Anschließend messen wir den unteren Durchmesser des Spitzhutes mit einem Lineal.

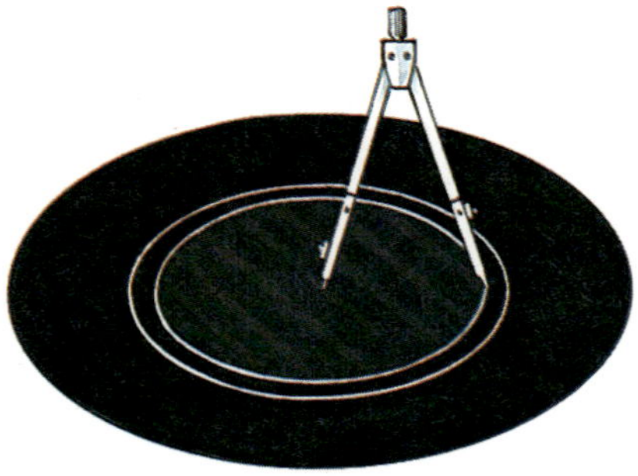

2. Für die Hutkrempe benötigen wir einen Kreis aus schwarzem Tonpapier mit einem Durchmesser von 36 cm. Wir zeichnen den Kreis auf und schneiden ihn aus. Mit dem Zirkel markieren wir auf dem Tonpapierkreis einen weiteren Kreis mit dem Durchmesser unseres Spitzhutes. In die Mitte zeichnen wir einen noch kleineren Kreis. Er soll zum Hutdurchmesser einen Abstand von etwa 2 cm haben. Danach schneiden wir die Mitte unserer spitzen Krempe heraus.

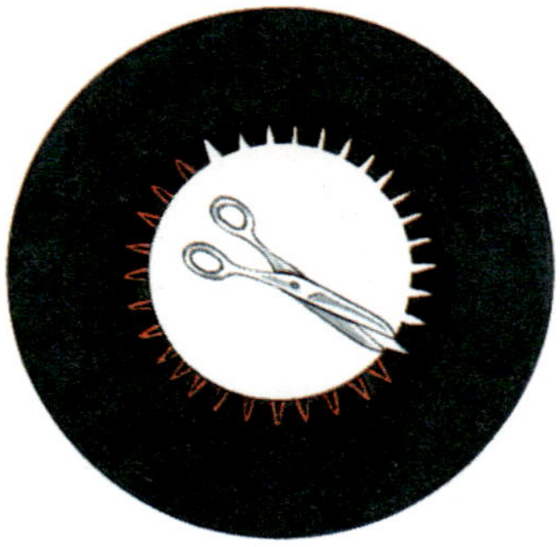

3. Damit wir die Krempe am Spitzhut befestigen können, schneiden wir einfach den inneren Krempenrand bis fast zur Bleistiftlinie in Abständen von etwa 1 cm mehrfach ein. Die so entstehenden Klebelaschen knicken wir nach oben.

4. Wir geben jetzt Klebstoff in den inneren Rand des Spitzhutes. Die Klebefläche sollte rundherum etwa 2 cm breit sein. Nun stellen wir den Spitzhut auf die Krempe und drehen ihn auf die Spitze, so daß wir die Kle-

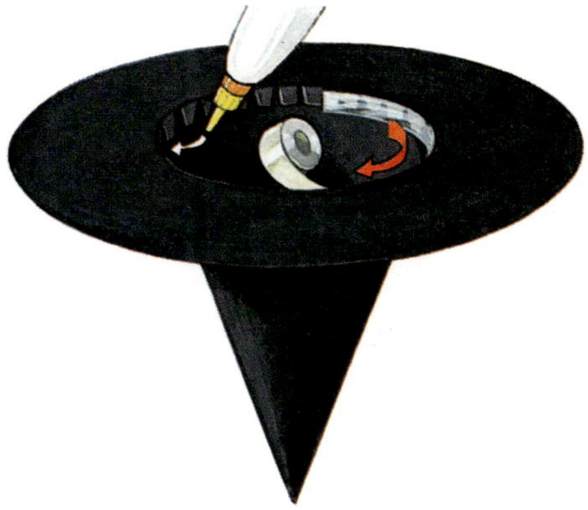

belaschen im Inneren festdrücken können. Um den Hut strapazierfähiger zu machen, setzen wir zusätzlich einen Klebestreifen darüber.

5. Zum Verschönern unseres Hexenhutes benötigen wir noch zwei Monde und zwei Sterne sowie eine goldene Spitze. Mond und Stern pausen wir von der Vorlage ab und übertragen die Motive auf die Goldfolie. Wir schneiden diese Formen aus und kleben sie auf den Hut.
Für die glänzende Spitze schneiden wir einen Streifen (18 cm x 9 cm) von der Goldfolie ab und rollen ihn zu einer Tüte zusammen. Wir setzen sie auf die Spitze des Hutes und kleben sie dort fest. Beim Zusammenrollen und dem Aufsetzen der Spitze sollte vielleicht ein Erwachsener helfen. Damit der Hut nicht vom Kopf fällt, können wir die Krempe lochen und ein Gummiband anknoten.

Hexenkleid und Besen

Ein Hexenkostüm ist schnell fertig. Zum schwarzen Hut paßt gut ein schwarzes Oberteil, und ein bunter Zipfelrock darf natürlich nicht fehlen. Bei der Herstellung des Besens sollte ein älteres Kind oder ein Erwachsener helfen.

1. Wir knoten die Tücher oder die Stoffstreifen an den Gürtel oder an das Gummiband, und schon ist der Rock fertig. Haben wir mehr Zeit zur Verfügung und genügend Geschick, können wir die Tücher oder Stoffstreifen auch annähen. Mit einem schwarzen T-Shirt vervollständigen wir unser Hexenkleid.

2. Für den Hexenbesen brechen wir die Reisigzweige in ungefähr gleicher Länge ab. Dann binden wir sie mit der Schnur fest um ein Ende des Weidenstocks. Schon haben wir einen echten Hexenbesen.

HEXENKLEID UND BESEN

Alter
ab 4 Jahre
Zeit
etwa 25 Minuten
Material
Gürtel oder breites Gummiband
mehrere Tücher oder Stoffreste
schwarzes T-Shirt
dicker Stock (etwa ein Weidenstock)
Birkenreisig oder ähnliche Zweige
mittelstarke Schnur

Hexenmeister

Während sich die Mädchen als Hexe verkleiden, schlüpfen die Jungen in die Rolle des Hexenmeisters. Beide Verkleidungen eignen sich für ein Kostümfest, das unter dem Motto „Hexen- und Zauberfest“ steht. Zu diesem Fest ist Stefan heute eingeladen.

HEXENMEISTER

Alter
ab 4 Jahre
Zeit
etwa 10 Minuten
Material
Stirnband
Schminkschwämmchen
flacher Teller mit Wasser
Wasserschminke in Weiß, Schwarz, Grau und Rot
Schminkpinsel
Haarwachs oder Haargel
Glitterspray

1. Bevor es losgeht, binden wir mit einem Stirnband die Haare aus dem Gesicht, damit sie beim Schminken nicht stören.
Wir feuchten unser Schminkschwämmchen an und drücken es gut aus, damit die Farbe beim Auftragen nicht fleckig wird. Nun entnehmen wir mit dem Schwämmchen weiße Wasserschminke aus dem Näpfchen und drücken sie gleichmäßig auf Gesicht und Hals auf. Unter die seitlichen Wangenknochen tragen wir auf gleiche Weise ganz zart graue Wasserschminke auf. Damit erzielen wir einen „optischen“ Schatten.

2. Mit einem schmalen Pinsel und schwarzer Wasserschminke malen wir uns zackige Augenbrauen und einen lustig geformten Bart.
Die Augen umranden wir, besser jedoch ein Erwachsener, mit schwarzer Wasserschminke. Auch unseren Mund umranden wir zuerst mit schwarzer Wasserschminke und malen ihn anschließend aus.

3. Nun geben wir etwas rote Wasserschminke mit dem Schwämmchen auf die Wangen.

4. Für die Hexenmeisterfrisur kneten wir Haarwachs oder Haargel ins Haar. Damit es grau wirkt, streichen wir mit den Fingern weiße Wasserschminke ins Haar. Das Styling ist perfekt, wenn wir noch etwas Glitterspray darübersprühen.
Der Hexenmeister braucht natürlich auch einen Zauberhut, der sich vom Hexenhut (siehe Seite 66) nur durch die silberfarbene Verzierung unterscheidet.

Umhang und Zauberstab

Neben einem perfekt geschminkten Gesicht gehören zu einem echten Hexenmeister natürlich die passende Bekleidung und die richtigen Requisiten.

1. Wir kleiden uns mit Pullover und Hose komplett in Schwarz ein und legen uns den Stoff als Umhang über die Schultern. Die oberen Ecken schlagen wir nach innen ein und stecken sie mit je einer Sicherheitsnadel am Oberteil (Pullover oder T-Shirt) fest. Vielleicht näht auch ein Erwachsener an jede Ecke ein 20 cm langes Band zum Zubinden an.

2. Für den Zauberstab schneiden wir aus schwarzem Tonpapier ein Rechteck (30 cm x 6 cm) aus und rollen es ganz eng ein. Dann kleben wir es der Länge nach mit Klebstoff zusammen. Die Enden umwickeln wir mit weißem Isolierband. Wer will, kann den Zauberstab noch mit lauter kleinen Silbersternchen schmücken.

UMHANG UND ZAUBERSTAB

Alter
ab 4 Jahre
Zeit
10 Minuten
Material
schwarzer Pullover oder T-Shirt
schwarze Hose oder Leggins
schwarzer Stoff (etwa 120 cm x 50 cm)
2 Sicherheitsnadeln
schwarzes Tonpapier
Lineal
Schere
Klebstoff
weißes Isolierband

Hexen- und Zauberfest

Schon einmal in diesem Jahr hatten die Hexen ihren großen Auftritt, als sie in der Walpurgisnacht (der Nacht zum 1. Mai) mit ihren Freunden, den Hexenmeistern, ihr Unwesen trieben. Jetzt im Herbst wird aber noch einmal ein ausgelassenes Fest gefeiert, zu dem auch Waldkobolde, Hellseher und viele andere gespenstische Figuren geladen sind. Hier nun verschiedene Anregungen für einige Spiele, die selbstverständlich abgewandelt werden können. Wer hat weitere Ideen?

Hexenreim

Jede Hexe hat natürlich ihren ganz persönlichen Erkennungsspruch, den sie mit schriller Stimme ruft, wenn sie auf dem Festplatz eintrifft.

Die kleine Hexe Kniesebein
will immer die schnellste Hexe sein.
Mit ihrem Besen „Sausewind“
ist sie deshalb auch so geschwind.

Hellsehertrick

HELLSEHERTRICK

Alter
ab 6 Jahre
Teilnehmer
mindestens 5 Kinder
Material
3 Stühle

Der Hexenmeister kann nicht nur zaubern, er besitzt auch hellseherische und magische Fähigkeiten. Hier ein Beispiel.

Ein Mitspieler sollte den Trick schon kennen, um den anderen zu zeigen, daß man „wirklich hellsehen“ kann. Dieser Mitspieler verläßt als erster den Raum.
Ein Kind darf sich jetzt auf einen der Stühle setzen. Alle Kinder zählen laut bis sechzig. Die Zeit kann auch mit der Uhr gestoppt werden. Das Kind steht wieder auf, und der Hellseher darf den Raum wieder betreten. Er erkennt dank seiner Fähigkeiten, indem er seine Hände auf die Stühle legt, welcher Stuhl besetzt war. Nun können die anderen Kinder testen, ob auch sie die Hellseherprüfung bestehen.

Der Trick ist leicht erklärt: Der Stuhl ist nämlich vom Sitzen noch etwas warm.

Morgens früh um sechs

Auf, auf! Das Hexenmahl ist fertig. Alle Gäste des Hexen- und Zauberfestes werden mit diesem Lied zu Tisch gebeten.

MORGENS FRÜH UM SECHS

Alter
ab 4 Jahre
Teilnehmer
mindestens 2 Kinder

überliefert

2. Morgens früh um acht
wird Kaffee gemacht.
Morgens früh um neun
geht sie in die Scheun'.
Fröschebein und ...

3. Morgens früh um zehn
holt sie Holz und Spän'.
Feuert an um elf,
kocht dann bis um zwölf.
Fröschebein und ...

Hexen wecken

HEXEN WECKEN

Alter
ab 4 Jahre
Teilnehmer
mindestens 3 Kinder

Hexen ruhen sich zwischen den einzelnen Programmhöhepunkten gern etwas aus und sammeln für ihre nächsten übermütigen Streiche neue Kräfte. Nur eine kleine, junge Hexe will gar keine Pause machen.

Die Hexen hocken im Gras und schlafen. Nur eine hüpft mit ihrem Besen von Hexe zu Hexe und versucht, durch Kitzeln, Grimassenschneiden, und eventuell auch durch Witzeerzählen die Hexenrunde aufzuwecken.
Die Hexe, die zuerst lacht, muß nun der ersten beim Aufwecken helfen. Dieses Spiel wird so lange fortgesetzt, bis keine Hexe mehr schläft.

Blätterkobold

BLÄTTERKOBOLD

Alter
ab 4 Jahre
Zeit
etwa 10 Minuten
Material
Stirnband
Schminkschwämmchen
Wasserschminke in Braun, Gelb und Grün
Schminkpinsel

Allmählich fallen die buntgefärbten Blätter von den Bäumen. Der Wind fegt sie die Wege entlang und wirbelt sie vor sich her oder gar hoch in die Luft. Manchmal scheint es, als würde ein kleiner Blätterkobold da lustig mittanzen. Roman ist in diesem Kostüm kaum zu erkennen.

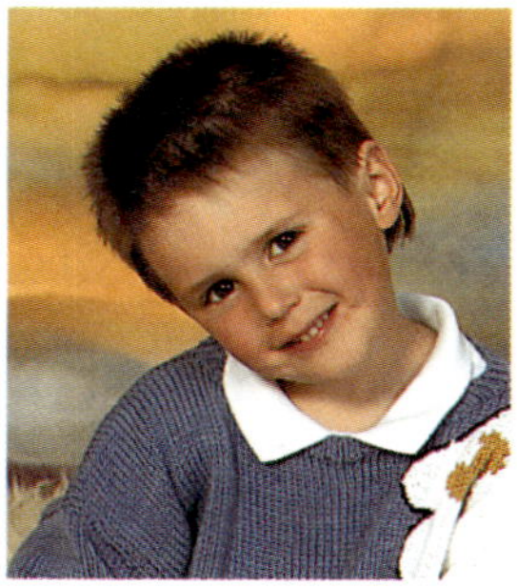

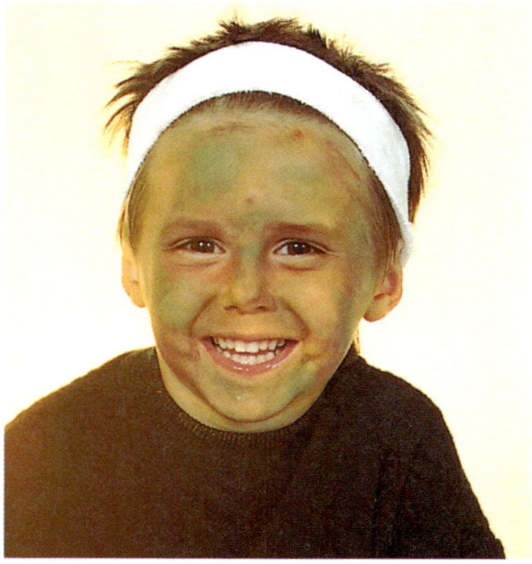

1. Zuerst binden wir uns die Haare mit einem Stirnband aus dem Gesicht. Wir entnehmen mit einem feuchten, aber nicht zu nassen Schminkschwämmchen ein wenig grüne, braune und gelbe Wasserschminke. Die verschiedenen Farben tupfen wir danach mit dem Schwämmchen fleckig auf das ganze Gesicht und verwischen sie dann leicht.

2. Mit einem Schminkpinsel und brauner Wasserschminke malen wir uns kräftige, hohe Augenbrauen und umranden Augen und Lippen. Auf die Mitte der Unterlippe tupfen wir ein bißchen gelbe und braune Farbe. Wie das Kostüm unseres Kobolds gebastelt wird, steht in den nächsten Anleitungen.

Blätterkranz

Es gibt verschiedene Möglichkeiten, einen passenden Kopfschmuck für den Blätterkobold herzustellen. Zum Beispiel kann Laub auf ein Stirnband geklebt werden, oder man kann Zweige unter ein breites Gummiband stecken. Auch ein alter Hut oder eine gestrickte Mütze lassen sich mit Blättern gut in einen dekorativen Kopfschmuck verwandeln. Hier wird gezeigt, wie man einen Blätterkranz bindet.

1. Wir binden ein paar kleine, kurze Zweige zu einem Strauß zusammen. Wir brauchen mehrere Sträuße, um daraus einen Kranz binden zu können. Die Anzahl der Sträuße richtet sich nach der Größe der Zweige und nach dem Kopfumfang.

2. Die einzelnen Sträuße legen wir so aufeinander, daß die Blätter des nächsten Straußes auf den Stielen des vorherigen liegen. Mit einem Bindfaden werden die Sträuße fest aneinandergebunden.

3. Das wiederholen wir so lange, bis wir die Sträußchenkette um den Kopf legen können. Wenn sie lang genug ist, binden wir sie endgültig zu einem Blätterkranz zusammen.

Blätterkleid

Ein Blätterkobold ist zwischen den Baumstämmen im Wald kaum zu erkennen. Nicht nur der Blätterkranz, sondern auch das mit Blättern beklebte Kleid dient als Tarnung. Für ein Blätterkleid müssen reichlich Blätter gesammelt werden.

1. Den Sack legen wir mit der Öffnung nach unten vor uns hin. Dann schneiden wir Löcher für den Kopf und für die Arme hinein. Wird ein Pulli angezogen, entfällt dieser Arbeitsschritt.

2. Auf unser Kleid kleben wir mit Klebstoff verschiedene Blätter in beliebiger Anordnung, gerade so, wie es uns gefällt. Wenn der Klebstoff trocken ist, können wir mehrere Schichten Blätter, zum Beispiel um den Halsausschnitt oder am unteren Rand, übereinanderkleben. Das sieht besonders hübsch aus.

BLÄTTERKRANZ

Alter
ab 4 Jahre
Zeit
etwa 30 Minuten
Material
feine Zweige mit Blättern
Bindfaden
Schere

BLÄTTERKLEID

Alter
ab 4 Jahre
Zeit
etwa 40 Minuten
Material
Kartoffel- oder Getreidesack oder langer alter Pulli
Schere
Klebstoff
viele Blätter

Blätterkette

Wer beim Spaziergang durch den Wald Lust hat, reichlich und möglichst unterschiedliche Blätter zu sammeln, kann sich später daraus eine schöne Kette basteln. Wie heißen denn die Bäume, von denen die Blätter heruntergefallen sind?

1. Für die Blätterkette ritzen wir mit dem Fingernagel oder einem spitzen Gegenstand Löcher in die Blätter.

2. Dann fädeln wir die Schnur durch die Löcher. Wir ziehen so viele Blätter auf, bis uns die Kette dicht genug erscheint. Die Enden der Schnur knoten wir zusammen.

SACKHÜPFEN

Alter
ab 4 Jahre
Teilnehmer
mindestens 2 Kinder
Material
1 Sack oder 1 alter Kopfkissenbezug für jedes Kind
Gegenstand am Wendepunkt

Sackhüpfen

Wett- und Bewegungsspiele kommen auf Kinderfesten immer gut an. Vielleicht sind bei der Kartoffelernte noch nicht alle Säcke gefüllt, so daß einige für das Wetthüpfen ausgeliehen werden können.

Wir markieren den Wendepunkt und steigen am Startpunkt alle in unsere Säcke oder Kissenbezüge. Wenn das Startsignal ertönt, hüpfen wir alle los und versuchen, so schnell wie möglich den Wendepunkt zu erreichen. Dort müssen wir den Gegenstand berühren, und dann geht es wieder zurück zum Ausgangspunkt. Wer am schnellsten wieder auf seinem Platz angekommen ist, hat gewonnen.

Koboldlied

Das bekannte und beliebte Kinderlied „Ein Männlein steht im Walde“ paßt recht gut zu unserem Blätterkobold, besonders weil der Text abgewandelt wurde.

Melodie überliefert,
Text frei variiert

2. Der Kobold hüpft im Walde auf einem Bein
und hat auf seinem Haupt ein bunt' Kränzelein.
Sagt, wer mag der Kobold sein,
der da hüpft im Wald allein
mit dem feinen bunten Kränzelein?

Wenn genügend Kinder mitmachen, können wir das Koboldlied auch spielen. Wir bilden einen Kreis, und der verkleidete Kobold geht in die Mitte.
Während wir unser Lied singen, springt und hüpft er wild herum – wie Kobolde das so machen. Am Ende des Liedes rufen wir laut den Kobold beim Namen, denn wir wissen natürlich, wer sich hinter der Maske verbirgt. Der Kobold ist entzaubert.
Bevor er zurück in den Kreis geht, darf er einen neuen Kobold bestimmen und ihm das Kleid und das Kränzchen übergeben.

Blätterrennen

Teamgeist, Geschicklichkeit und Schnelligkeit sind bei diesem Wettspiel gefragt. Ältere und jüngere Kinder sollten gleichmäßig auf die Gruppen aufgeteilt werden.

Wir teilen uns in zwei Spielgruppen. Jede Gruppe bekommt einen Teller mit jeweils fünf Blättern, die wir mit fünf Steinen beschweren. Der Wendepunkt ist etwa 20 m entfernt.
Auf *„Los“* startet jeweils das erste Kind einer Gruppe mit dem Teller in der Hand. Es nimmt am Wendepunkt ein Blatt und einen Stein vom Teller herunter und legt beides ab. Dann läuft es zurück und gibt den Teller an das nächste Kind weiter, das sofort losläuft und am Wendepunkt wieder Blatt und Stein ablegt. Sollte eine Gruppe unterwegs ein Blatt verlieren, muß sie von vorne (mit fünf Blättern auf dem Teller) beginnen. Gewonnen hat die Gruppe, die zuerst alle Blätter am Wendepunkt abgelegt hat.

BLÄTTERKETTE

Alter
ab 4 Jahre
Material
viele bunte Blätter
Schnur (etwa 40 cm bis 50 cm lang)
Schere

KOBOLDLIED

Alter
ab 4 Jahre
Teilnehmer
mindestens 4 Kinder

BLÄTTERRENNEN

Alter
ab 4 Jahre
Teilnehmer
mindestens 4 Kinder
Material
2 Teller
10 Blätter
10 Steine

Vogelscheuche

Wenn auf den Herbstfeldern das Getreide geerntet wird und in den Gärten Äpfel, Birnen und Pflaumen reifen, fressen die Vögel besonders viel, um sich für ihren Flug in den Süden zu stärken. Manchem Gartenbesitzer wird das zuviel, und er stellt kleine lustige Gesellen auf, um die Vögel fernzuhalten. In dieser ulkigen Verkleidung ist Sibylle kaum zu erkennen.

VOGELSCHEUCHE

Alter
ab 5 Jahre
Zeit
etwa 30 Minuten
Material
Stirnband
Schminkschwämmchen
Wasserschminke in Gelb, Braun und Rot
dünne Schminkpinsel

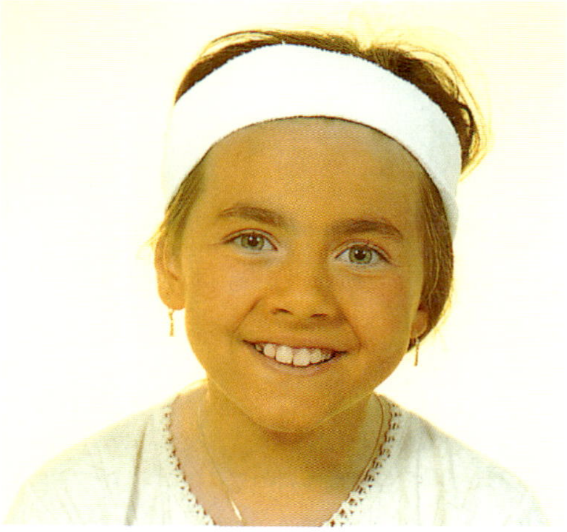

1. Damit die Haare beim Schminken nicht stören, binden wir sie mit einem Stirnband aus dem Gesicht. Wir holen mit einem feuchten Schminkschwämmchen braune sowie gelbe Wasserschminke aus dem Schminknäpfchen, mischen die beiden Farben auf unserem Handrücken und tragen die gemischte Farbe auf das ganze Gesicht und auf den Hals auf. Es entsteht eine hellbraune Grundierung, so daß die Haut wie Leder wirkt.

2. Mit einem Schminkpinsel und brauner Wasserschminke malen wir uns zuerst die Augenbrauen buschig, dann umranden wir oder ein Erwachsener unsere Augen mit der Farbe, und anschließend malen wir uns ganz lange Wimpern.

3. Der Mund erhält eine braune Kontur. Anschließend malen wir ihn mit roter Wasserschminke schön aus.

4. Jetzt malen wir mit einem sehr dünnen Schminkpinsel und brauner Wasserschminke Nähte in unser Gesicht. Zuerst ziehen wir über das Gesicht dünne Linien. Über diese Einteilungslinien setzen wir kleine

Querstriche, damit die Linien wie kleine Nähte wirken. Auch die Kontur um den Mund wird mit kleinen Strichen unterbrochen. Er sieht nun aus, als wäre er aufgenäht.

5. Die Haare binden wir uns entweder locker nach oben, oder wir toupieren sie ganz wild. Vielleicht basteln wir uns noch einen tollen Vogelscheuchenhut, eine Jacke und eine Hose; die Anleitungen stehen auf der nächsten Seite.

Vogelscheuche, paß gut auf!

Bevor der Winter kommt und das Spielen im Freien nicht mehr möglich ist: Dieses Spiel macht besonders viel Spaß, wenn reichlich Kinder mitmachen. Der Abstand zwischen Startlinie und Vogelscheuche sollte etwa 10 bis 15 m betragen.

Auf der einen Seite des Spielfeldes steht das Kind, das die Vogelscheuche darstellt, die übrigen Mitspieler stehen auf der anderen Seite nebeneinander. Die Vogelscheuche dreht allen den Rücken zu.

Die Kinder müssen nun versuchen, die Seite der Vogelscheuche zu erreichen. Aber das ist gar nicht so einfach. Denn immer wenn die Vogelscheuche ruft: „Ich paß' auf!“, dreht sie sich um, und wehe, es bewegt sich ein Kind! Alle müssen regungslos stehenbleiben. Sieht die Vogelscheuche, daß sich ein Kind bewegt, muß es zur Startlinie zurückkehren und neu beginnen.
Die Vogelscheuche wendet sich wieder um, und die Kinder können weiterlaufen. Wieder ruft die Vogelscheuche ihren Satz, und alle müssen stehenbleiben. Wer zuerst die Vogelscheuche erreicht und mit der Hand angetippt hat, darf nun Vogelscheuche sein.

VOGELSCHEUCHE, PASS GUT AUF!

Alter
ab 4 Jahre
Teilnehmer
mindestens 3 Kinder

HUT DER
VOGELSCHEUCHE

Alter
ab 4 Jahre
Zeit
etwa 25 Minuten
Material
ausgedienter Strohhut
oder Filzhut
braunes und gelbes
Tonpapier
Lineal
Bleistift
Schere
Klebstoff
getrocknetes Getreide,
Gräser, Stroh
Bürohefter

Hut der Vogelscheuche

Das Verkleiden in eine Vogelscheuche hat Sibylle so großen Spaß gemacht, daß sie den alten Hut aus der Kleiderkiste noch mit Stroh dekoriert. Das Stroh stammt von einem abgeernteten Feld.

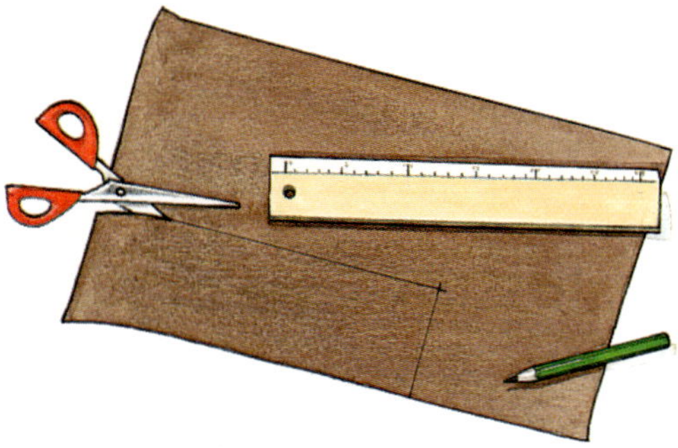

1. Zuerst stellen wir die Fransenstreifen für den Hut her. Dazu markieren wir auf dem braunen Tonpapier eine Länge von 30 cm und eine Breite von 10 cm. Die Markierungspunkte verbinden wir mit Bleistift und Lineal.

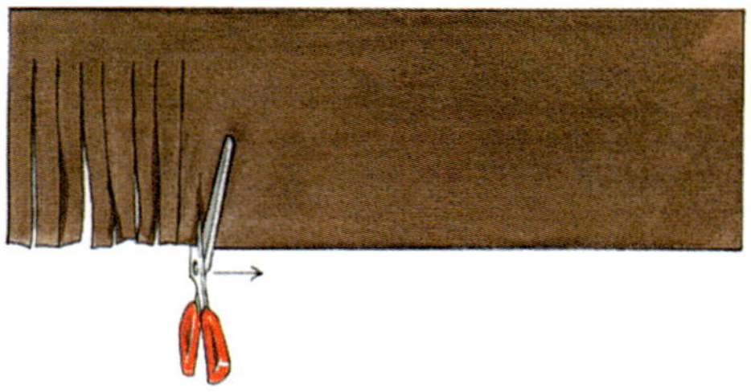

2. Den Streifen schneiden wir aus dem Tonpapierbogen heraus. Nun ziehen wir nochmals eine Linie mit Bleistift und Lineal im Abstand von 2 cm zum oberen Rand. Dies ergibt die spätere Klebelasche.
Jetzt schneiden wir den Streifen bis zur Markierung mit einer Schere so ein, daß sich schöne schmale Fransen ergeben. Die Schritte 1 und 2 wiederholen wir jetzt mit gelbem Tonpapier.

3. Nun legen wir den braunen und den gelben Fransenstreifen übereinander und klammern sie auf der Klebelinie mit dem Bürohefter zusammen. Die zusammengehefteten Fransenstreifen befestigen wir nun mit Klebstoff innen am Hut.

4. Den letzten Schliff bekommt der Hut durch die Verzierung mit getrocknetem Getreide, Gras oder Stroh. Dazu biegen wir die Hutkrempe an den Seiten nach oben und fixieren sie mit Heftklammern. In die entstandenen Laschen können wir nun das getrocknete Getreide stecken und es eventuell mit etwas Klebstoff befestigen.

Jacke der Vogelscheuche

Vogelscheuchen erhalten ihre Kleidung aus der Altkleider- und Flickenkiste. Man kann also ruhig zerrissene Jacken und Hosen anziehen. Anstelle der Tonpapierfransen kann auch richtiges Stroh verwendet werden.

1. Wir stellen Strohfransen nach der Anleitung auf Seite 78 her. Wir brauchen drei braune und drei gelbe Fransenstreifen.

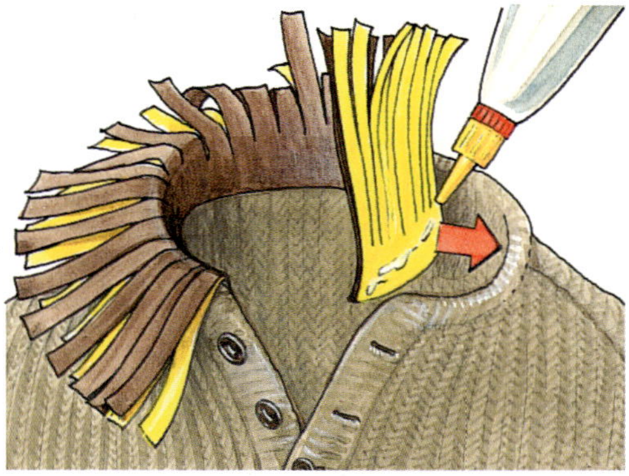

2. Zwei gelbe und zwei braune Streifen brauchen wir für den Halsausschnitt. Wir legen je einen braunen und einen gelben Streifen aufeinander und klammern sie mit dem Bürohefter zusammen. Nun kleben wir die Strohfransen jeweils links und rechts um den Halsausschnitt der Weste oder des Pullovers fest. Dafür falten wir den Kleberand etwa 1 cm breit um, bestreichen ihn aber innen ganz mit Klebstoff und drükken ihn um den Ausschnitt fest.

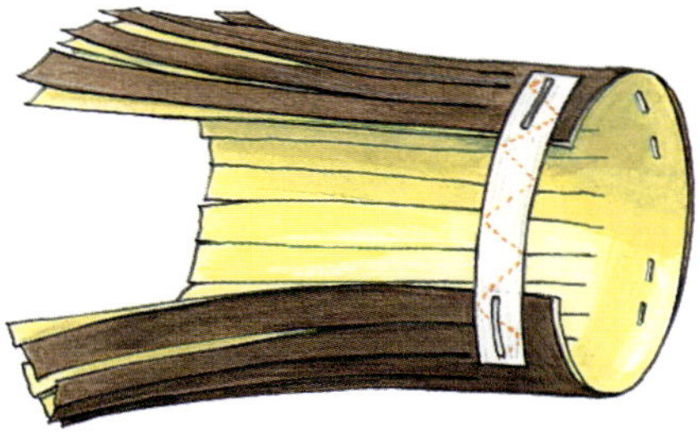

3. Die übrigen zwei Fransenstreifen klammern wir aufeinander und schneiden sie in der Mitte auseinander. So erhalten wir das Stroh für die Ärmel. An den schmalen Streifenenden befestigen wir jeweils ein 3 cm langes Gummiband. Dadurch werden die Manschetten elastisch. Wir stecken sie unter die Ärmel.

4. Jetzt fehlen noch die Stoffflicken. Wir schneiden dafür kleine und größere Rechtecke und Quadrate aus bunten Tonpapierresten aus und kleben sie mit Klebstoff auf die Weste oder den Pullover. Mit dem schwarzen Faserschreiber zeichnen wir Striche auf die Flicken, so daß sie wie aufgenäht aussehen.

JACKE DER VOGELSCHEUCHE

Alter
ab 4 Jahre
Zeit
etwa 30 Minuten
Material
braunes und gelbes Tonpapier
Lineal
Bleistift
Schere
Bürohefter
alte Weste oder Pullover
Klebstoff
2 Hosengummi (je 3 cm lang)
bunte Tonpapierreste
schwarzer Faserschreiber

Hose der Vogelscheuche

Die alte Hose wird ebenso wie die Jacke mit ein paar Flicken und den Strohfransen dekoriert.

1. Wir fertigen für die Hose ebenfalls Strohfransen an. Für jedes Bein wird jeweils ein halber Streifen benötigt. Diese Fransen kleben wir so an, daß die Schuhe bedeckt sind.

2. Jetzt fehlen noch die Stoffflicken. Wir schneiden kleine und größere Rechtecke und Quadrate aus bunten Tonpapierresten. Nach Lust und Laune kleben wir sie auf die Hose und zeichnen mit dem schwarzen Faserschreiber die Nähte ein.

HOSE DER VOGELSCHEUCHE

Alter
ab 4 Jahre
Zeit
etwa 20 Minuten
Material
braunes und gelbes Tonpapier
Lineal
Bleistift
Schere
Bürohefter
Klebstoff
alte Jogginghose, Stoffhose oder Jeans
bunte Tonpapierreste
schwarzer Faserschreiber

Spinnenmann

Oh, wie gruselig schaut er aus, der Spinnenmann! Dabei brauchen ehrliche und nette Menschen ihn nicht zu fürchten, denn er hat nur gute Taten im Sinn. Der Spinnenmann hilft stets den Armen und Schwachen, ähnlich wie Robin Hood. Er ist ein echter Held und hat vor fast gar nichts Angst! Ob in Roman auch ungeahnte Kräfte geweckt werden, wenn er in diese Bekleidung schlüpft?

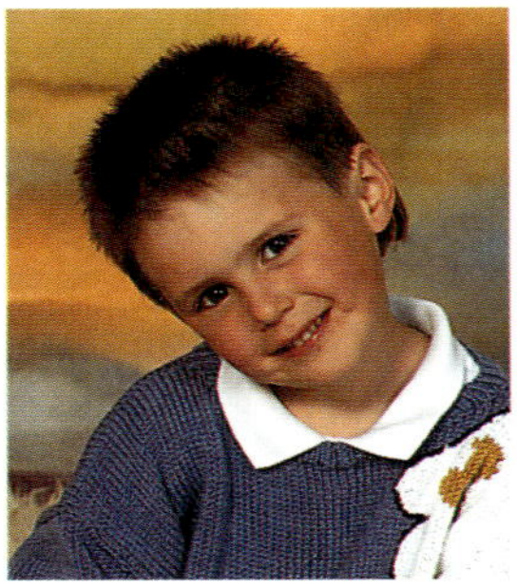

SPINNENMANN

Alter
ab 4 Jahre
Zeit
etwa 10 Minuten
Material
Stirnband
Schminkpinsel
Schminkschwämmchen
Wasserschminke in Weiß und Schwarz
Glitterspray oder Glittercreme

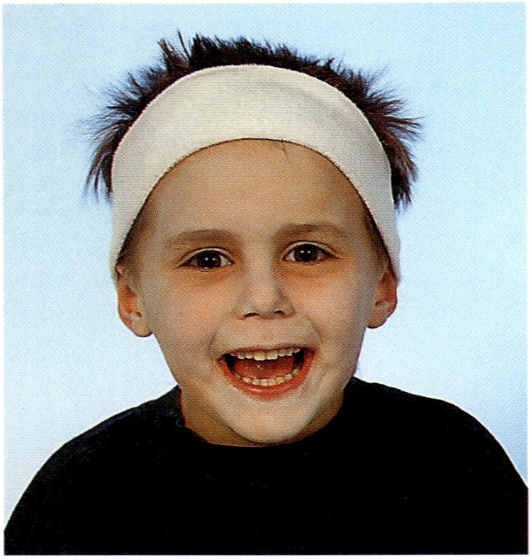

1. Damit die Haare beim Schminken nicht stören, binden wir sie mit einem Stirnband aus dem Gesicht. Für die Grundierung verwenden wir weiße Wasserschminke, die wir mit dem feuchten Schminkschwämmchen gleichmäßig dünn auf das Gesicht auftragen.

2. Für das Spinnennetz benötigen wir einen feinen Schminkpinsel und schwarze Wasserschminke. Von der Nasenspitze ausgehend, zeichnen wir feine schwarze Striche auf unser Gesicht.

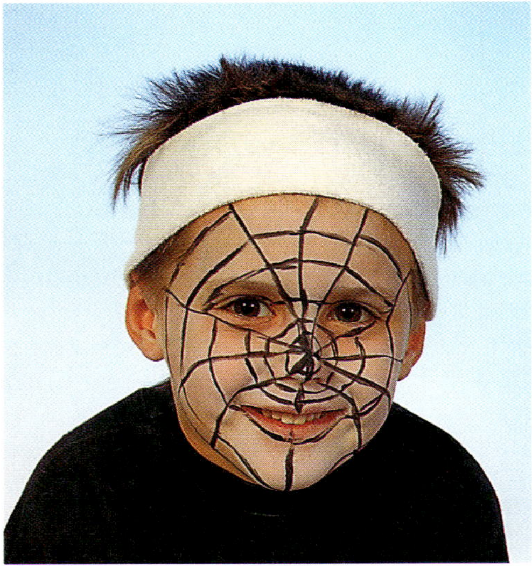

3. Die strahlenförmigen Striche verbinden wir durch feine Querstriche, so daß ein Netz entsteht. Wir verwenden auch dazu schwarze Wasserschminke und einen feinen Schminkpinsel.

4. Nun fehlt noch die Spinne auf dem Gesicht. Wir malen sie mit schwarzer Wasserschminke auf unsere Wange. (Eine Spinne hat übrigens acht Beine.) Unsere Haare färben wir dunkel, indem wir mit dem feuchten Schminkschwämmchen etwas schwarze Farbe auf das Haar streichen. Die vorderen Haare können wir mit weißer Wasserschminke leicht grau einfärben. Geheimnisvoller wirkt diese Maske, wenn wir noch etwas Glitterspray oder Glittercreme auf die Haare geben.

5. Die Kleidung des Spinnenmannes besteht aus einer schwarzen Hose und einem schwarzen Oberteil. Den Umhang fertigen wir nach der Anleitung für den Hexenmeisterumhang an (siehe Seite 69).

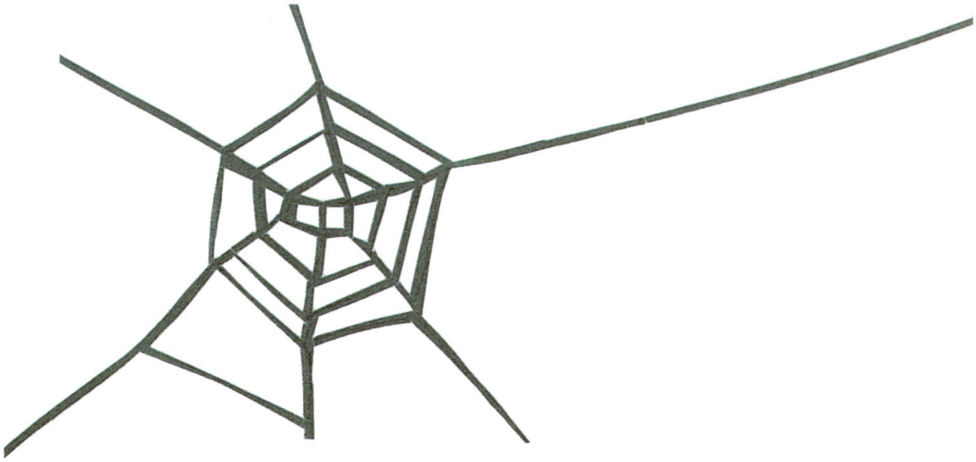

WINTER

Der Winter ist da, juchhei und juchhe!
Bedeckt sind Wiesen und Felder mit Schnee.
Überall duftet's nach Plätzchen und Kuchen.
Wird uns der Weihnachtsmann auch
dieses Jahr besuchen?
Wir nehmen Abschied vom alten Jahr
und freuen uns auf Fasching, das ist doch klar!

MARIA

Alter
ab 4 Jahre
Zeit
etwa 5 Minuten
Material
Stirnband
hellblauer Lidschatten
rosa Lippenstift

Maria

Eine der Hauptfiguren im Krippenspiel ist Maria, die schwanger ist (dargestellt durch ein dickes Kissen unter dem Kleid) und sich nur langsam auf der Bühne bewegt. Nach der Geburt kümmert sie sich liebevoll um ihr Kind. Wie man auf dem großen Foto sieht, gefällt auch Lisa die „Mutterrolle".

MARIAS KLEID

Alter
ab 5 Jahre (mit Hilfe eines Erwachsenen oder eines größeren Kindes)
Zeit
etwa 15 Minuten
Material
Bettlaken
(für ein Einzelbett)
Schere
Stoffkleber

1. Damit die Haare beim Schminken nicht stören, binden wir sie mit einem breiten Stirnband aus dem Gesicht. Das gesamte Oberlid schminken wir mit Lidschatten zart hellblau.

2. Anschließend tragen wir auf die Lippen hellrosa Lippenstift auf. Auch auf die Wangen tupfen wir etwas Lippenstift. Die Farbe verwischen wir dann leicht, damit unsere Wangen zart und frisch wirken.

Marias Kleid

Marias Kleid ist ganz schlicht, so daß für die Herstellung kein Schnitt benötigt wird. Vielleicht kommen dem einen oder anderen die ersten Arbeitsschritte bekannt vor. Sie entsprechen der Anleitung für die Kleider des Blumenkindes und des Schmetterlings (siehe Seite 16 und 17).

1. Wir legen die kurzen Seiten des Bettlakens aufeinander und schneiden es mit der Schere an der Faltung auseinander. Für das Kleid brauchen wir nur eine Hälfte.

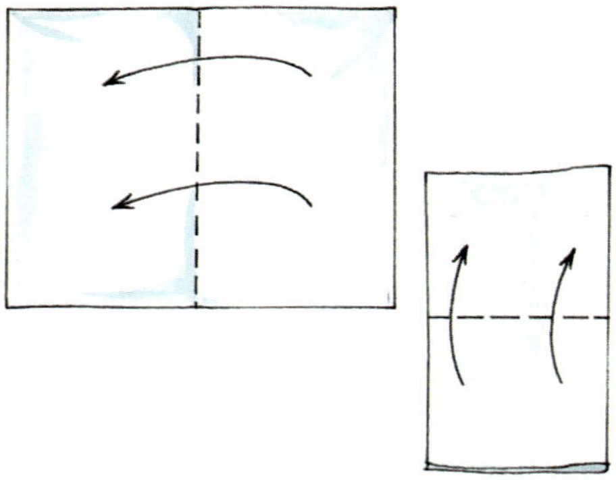

2. Wir falten nun den Stoff zweimal zusammen. Dabei legen wir die Kanten genau aufeinander. Unser Laken hat nun drei offene und eine geschlossene Ecke.

3. Mit der Schere schneiden wir die geschlossene Ecke heraus und erhalten so den Halsausschnitt. Sollte er noch zu eng sein, können wir ihn leicht vergrößern, so daß der Kopf hindurchpaßt.

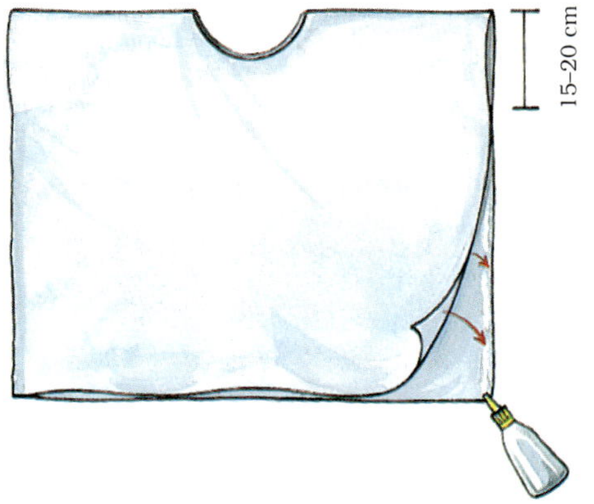

4. Wir legen das „Kleid" auf den Tisch, bestreichen die offenen Seitennähte mit Stoffkleber und kleben sie dann zusammen. Wichtig ist, daß auf beiden Seiten etwa 15 bis 20 cm, von der „Schulterlinie" aus gemessen, offenbleiben. Sonst können wir die Arme nicht durchstecken. Dieser Arbeitsschritt ist nicht ganz einfach, deshalb sollte uns nun jemand helfen, die Seitennähte zusammenzufügen.

5. Damit der Halsausschnitt nicht ausfranst, schneiden wir den Rand alle 7 cm leicht ein (etwa 1 cm tief) und kleben ihn nach innen um (siehe Seite 16).

6. Falls unser Kleid zu lang ist, kürzen wir es auf die richtige Länge und kleben den Saum ebenfalls um.

Marias Umhang

Als Umhang eignen sich große Stoffreste, Manteltücher oder kleine, leichte Decken. Dabei ist es unerheblich, ob die Stoffe gemustert oder unifarben sind.

1. Wir schlagen eine Stoffkante etwa 7 cm ein.

2. Jetzt legen wir den Umhang so über den Kopf, daß die eingeschlagene Kante über unserem Pony liegt. Das Tuch stecken wir mit der Hand links und rechts (in Höhe der Schläfen) etwas nach innen. Mit Hilfe einer Sicherheitsnadel befestigen wir den Umhang unterm Kinn.

MARIAS UMHANG

Alter
ab 4 Jahre (mit Hilfe eines Erwachsenen)
Zeit
etwa 5 Minuten
Material
hellblauer Stoffrest (100 cm x 140 cm)
Sicherheitsnadel

Josef

Mit der Laterne in der Hand sucht Josef den Weg von Herberge zu Herberge. Sein Gang ist schwer, und seine Stimme klingt müde, denn kein Wirt ist bereit, ihn und seine Frau Maria aufzunehmen. Alexander ist hier in die Rolle beziehungsweise in das Kostüm Josefs geschlüpft.

JOSEF

Alter
ab 4 Jahre
Zeit
etwa 10 Minuten
Material
Stirnband
Schminkpinsel
Wasserschminke in Braun, Weiß und Schwarz

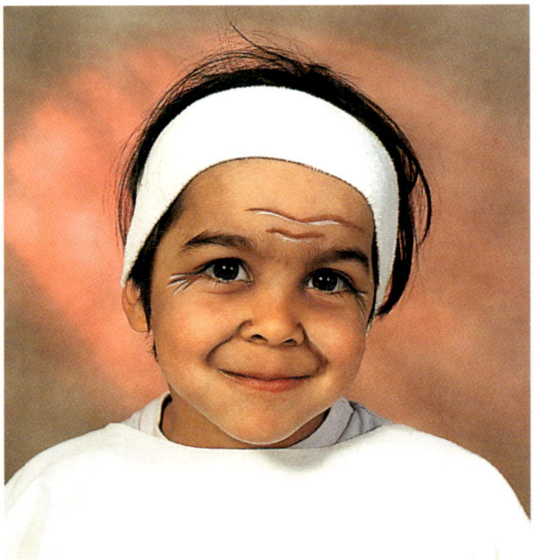

1. Mit einem Stirnband binden wir unsere Haare zurück, damit wir uns ungestört schminken können. Mit einem Schminkpinsel und brauner Wasserschminke malen wir uns dunkle Augenschatten an die inneren Augenwinkel. Wir wollen uns nun tiefe Falten auf die Stirn, an die äußeren Augenwinkel und von der Nase bis zum Mund aufmalen. Damit die Falten tiefer erscheinen, tragen wir zuerst weiße Wasserschminke auf und ziehen dann die braunen Linien.

2. Für den Vollbart malen wir uns mit brauner Wasserschminke und einem Pinsel Barthaare auf. Zwischen diese setzen wir ein paar weiße und schwarze Haare.

3. Mit den Fingern kneten wir weiße Farbe in die Haare, damit sie leicht grau wirken.

Josefs Umhang

Auch Josef hüllt sich in einen wärmenden Umhang. Natürlich können anstelle des beigen Stoffes auch andere Tücher oder Decken verwendet werden. Erlaubt ist, was gefällt, denn der Schauspieler sollte sich in seiner Garderobe wohl fühlen.

1. Wir schneiden das Bettlaken in der Mitte quer durch. Eine Hälfte benötigen wir für den Umhang. Wir halten diese Hälfte des Stoffes (mit der Schnittkante nach oben) an unseren Körper und schlagen die obere Kante so weit um, daß der Stoff von den Schultern bis zum Boden reicht. Mit Stoffkleber fixieren wir die Kante des Umschlags auf dem Stoff. Dabei entsteht ein Tunnel für unsere Kordel.

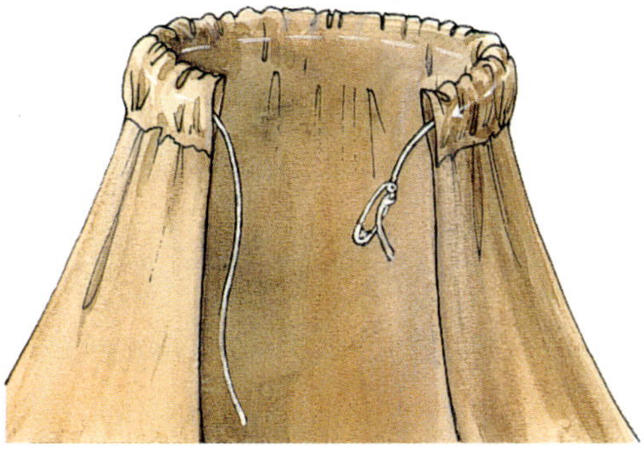

2. Mit Hilfe einer Sicherheitsnadel ziehen wir die Kordel in den Tunnel ein. Da der Umhang sehr weit ist, ist dieser Arbeitsschritt nicht ganz einfach. Wir bitten einen Erwachsenen, uns zu helfen. Anstelle der Kordel können wir auch ein etwa 3 cm breites Band aus Stoff einziehen.

3. Den Umhang legen wir uns über die Schultern und binden vorne die Kordel zusammen. Das Unterkleid, das Josef trägt, ist nach dem gleichen Muster hergestellt wie das Kleid von Maria (Seite 84).

JOSEFS UMHANG

Alter
ab 4 Jahre (mit Hilfe eines Erwachsenen)
Zeit
etwa 15 Minuten
Material
beiges oder braunes Bettlaken
Schere
Stoffkleber
Sicherheitsnadel
Kordel oder Stoffstreifen (etwa 60 cm lang)

Wirt der Herberge

Der Wirt hat sicher schon viel Wein getrunken, denn er hat eine ziemlich rote Nasenspitze und leuchtende Wangen. Für das Auftragen der Farbe wird ein Topfkratzer verwendet. Sicher ein ungewöhnliches Arbeitsmittel, doch die erzielte Wirkung ist faszinierend. Obwohl Hermann mit roten Wangen auf der Bühne steht, hat er natürlich keinen Tropfen Alkohol getrunken.

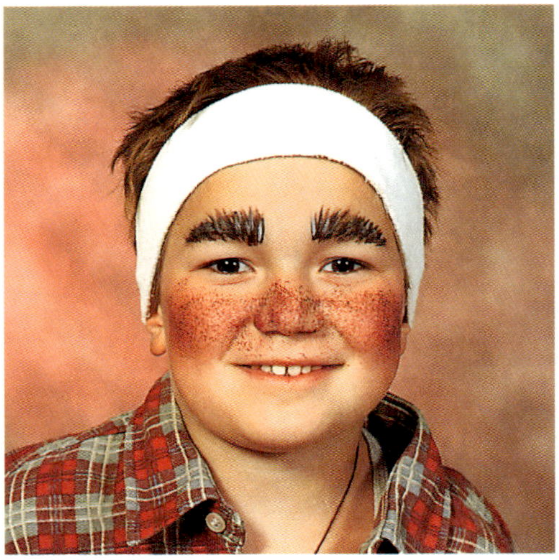

WIRT DER HERBERGE

Alter
ab 4 Jahre
Zeit
etwa 15 Minuten
Material
Stirnband
Schminkpinsel
Wasserschminke in Rot, Schwarz, Weiß und Braun
Topfkratzer aus Kunststoff

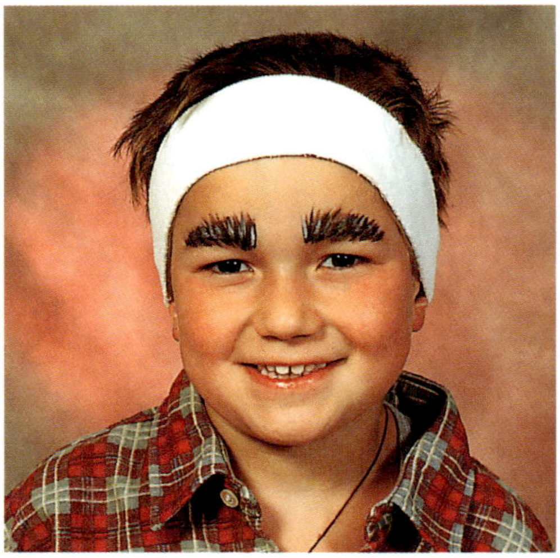

1. Damit die Haare beim Schminken nicht stören, binden wir sie mit einem Stirnband aus dem Gesicht. Mit einem Pinsel und brauner, schwarzer sowie weißer Wasserschminke malen wir uns buschige, hochstehende Augenbrauen.

2. Für die roten Äderchen brauchen wir einen sauberen Topfkratzer und rote Wasserschminke. Wir feuchten mit einem Finger die Farboberfläche in dem Schminknäpfchen an und drücken den Topfkratzer leicht hinein. Anschließend tupfen wir die Farbe mit dem benetzten Topfkratzer auf das Gesicht. Die entstandenen kurze Linien sehen aus wie viele kleine rote Äderchen.

3. Für den Bart brauchen wir braune, weiße und schwarze Wasserschminke und einen Schminkpinsel. Wir malen uns damit einen buschigen Schnauzbart.

4. Nun feuchten wir unsere Finger ein wenig an und holen etwas weiße Wasserschminke aus dem Schminknäpfchen. Die Farbe kneten wir in die Haare und bürsten sie anschließend ganz wild durcheinander.

Kleidung des Wirts

Für den Wirt muß kein Kleidungsrequisit hergestellt werden. Genommen wird, was die Kleiderkiste bietet.

Die Verkleidung zum Wirt ist ganz einfach. Wir benötigen nur ein kariertes oder ein buntes Hemd, das wir mit einem kleinen Kissen ausstopfen, um einen dicken Bauch vorzutäuschen.
Dazu trägt der Wirt eine beliebige Hose.
Den letzten Schliff bekommt die Verkleidung durch die weiße Schürze. Wir können eine Bäckerschürze oder eine halbe Kochschürze nehmen. Notfalls tut es auch ein zu einem Dreieck gefaltetes großes Geschirrtuch.

KLEIDUNG DES WIRTS

Alter
ab 3 Jahre
Material
buntes Hemd
kleines Kissen
Hose
weiße Schürze

Hirte

Alter
ab 4 Jahre
Zeit
etwa 10 Minuten
Material
Stirnband
Schminkpinsel
Wasserschminke in Weiß, Braun und Schwarz
Topfkratzer aus Kunststoff

KLEIDUNG DES HIRTEN

Alter
ab 4 Jahre
Zeit
10 Minuten
Material
alter Pulli, Hose
Schaffell oder Decke
Kordel
Spazierstock
alter Hut

Die Hirten spielen in der Weihnachtsgeschichte eine bedeutende Rolle. Während sie sich in der Nacht am Feuer wärmen, entdecken sie den hellen Stern. Sie folgen ihm und finden das Jesuskind in der Krippe liegend. Hier hat Roman seinen großen Auftritt.

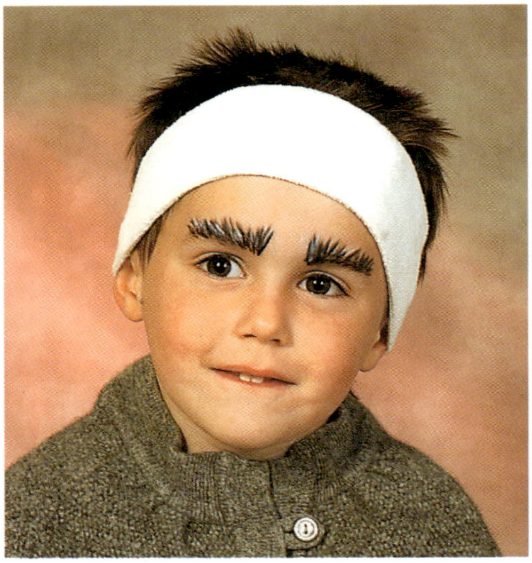

1. Damit unsere Haare beim Schminken nicht stören, binden wir sie mit einem Stirnband aus dem Gesicht. Mit einem Schminkpinsel und brauner, weißer und schwarzer Wasserschminke malen wir uns schöne buschige, nach oben stehende Augenbrauen.

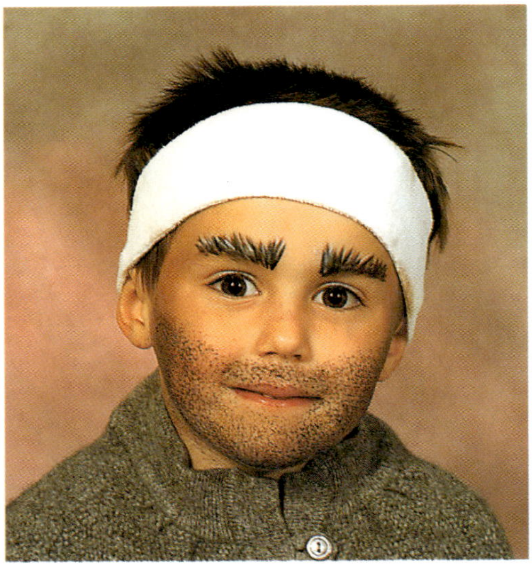

2. Für den Stoppelbart benötigen wir einen sauberen Topfkratzer. Zunächst feuchten wir die Oberfläche unserer schwarzen Wasserschminke im Näpfchen mit dem Finger etwas an. Dann drücken wir den Topfkratzer zuerst leicht in die Schminke und anschließend auf unser Gesicht. Durch das entstandene Muster sieht es aus, als hätten wir Bartstoppeln im Gesicht.

Kleidung des Hirten

Auch der Hirte braucht keine spezielle Garderobe. Der Umhang sollte aber darauf hindeuten, daß der Hirte draußen auf dem Feld in der Kälte bei seinen Schafen Wache hält.

Als Hirte tragen wir einen dicken, möglichst alten, grauen oder beigen Pulli. Dazu paßt eine verknitterte Hose.
Über die Schulter hängen wir uns ein Schaffell oder eine alte Decke. Damit wir diesen „Umhang" nicht verlieren, befestigen wir ihn mit einer Kordel, die wir fest um unsere Taille binden. Wir halten in einer Hand einen Stock. Es kann ein Spazierstock sein oder auch ein Stock, den wir beim Spaziergang gefunden haben. Fehlt eigentlich nur noch ein alter Lederhut oder ein Filzhut.

Als ich bei meinen Schafen wacht'

Während des Krippenspiels singen die Hirten (und die Zuschauer) dieses Lied. „Benedicamus Domino" ist lateinisch und bedeutet „Wir wollen den Herrn loben".

2. Er sagt', es soll geboren sein
zu Bethlehem ein Kindelein.
Des bin ich …

3. Er sagt', das Kind läg' da im Stall
und sollt' die Welt erlösen all.
Des bin ich …

überliefert

ALS ICH BEI MEINEN SCHAFEN WACHT'

Alter
ab 5 Jahre
Teilnehmer
die Hirten (und die Zuschauer)

Krippenspiel

KRIPPENSPIEL

Alter
ab 4 Jahre
Teilnehmer
mindestens 4 Kinder, eventuell 1 Erwachsener als Erzähler
Material
Teelicht
Puppenwiege
graue Decke für den Esel
etwas Wolle für den Schwanz des Esels
etwas Pappe für die Ohren
Bündel (zusammengeknotetes Kopftuch oder kleiner Sack)

In der Adventszeit wird oft die Weihnachtsgeschichte, die von der Geburt Jesu erzählt, vorgelesen, oder sie wird bei Weihnachtsfeiern nachgespielt. Mit einfachen Mitteln können sich die Kinder schminken und verkleiden (siehe Seite 84–91). Die Texte sollte jedes Kind frei sprechen können. Hauptsache, der Inhalt stimmt! Hier einige Anregungen, wie man den Ablauf gestalten kann.

Für das Krippenspiel brauchen wir einen **Erzähler** und mindestens vier **Darsteller**: Maria, Josef, Wirt und Hirte. Noch besser ist es, wenn mehr Kinder mitspielen. So könnten Maria und Josef dann zu mehreren Wirten gehen und um Herberge bitten. Ebenso könnten mehrere Hirten um ein Feuer stehen.
Das Jesuskind können wir mit einer Kerze (Teelicht) symbolisch darstellen. Wir stellen das Teelicht in eine Puppenwiege oder ein hölzernes Puppenbett und zünden es später an, wenn das Kind geboren wird.
Wenn noch zwei Kinder mitspielen wollen, können sie sich als Esel verkleiden. Das erste geht aufrecht, das zweite legt seine Hände auf die Hüften des vorderen Kindes und geht leicht gebückt. Über beide legen wir nun eine graue oder braune Decke. Zwei Ohren aus Pappe und ein Schwanz aus Wolle vervollständigen die Verkleidung. Maria kann zwar nicht auf diesem Esel reiten, aber sie stützt sich auf ihn, und natürlich ist er auch im Stall mit dabei.
Nun können wir anfangen. Alle **Zuschauer** setzen sich im großen Halbkreis. In der Mitte sollte ein freier Raum bleiben. Unsere geschminkten und verkleideten Darsteller setzen sich innen an den Rand des Halbkreises.
Der **Erzähler** begrüßt alle, und zur Einstimmung singen wir gemeinsam das **Lied „Seid fröhlich, ihr Kinder“**. Danach beginnt der Erzähler die **Weihnachtsgeschichte** (frei) zu erzählen. Die Kinder, die als **Maria** und **Josef** verkleidet sind, nehmen ihr Bündel und gehen mit dem **Esel** langsam im Kreis herum.
Der Erzähler spricht dabei weiter, bis er zu dem Teil der Geschichte kommt, in dem beschrieben wird, wie die beiden in den **Herbergen** um Unterkunft bitten. Die **Wirte** stehen nun auf. Maria und Josef können die Fragen selbst formulieren, und die Wirte antworten ihnen darauf. Der letzte Wirt weist dem Paar den Weg zum **Stall**.
Jetzt ist der **Erzähler** wieder an der Reihe. Maria, Josef und der Esel gehen zum Stall und richten sich dort ein. Die **Kerze** wird angezündet. Nun wird von den **Hirten** auf dem Feld erzählt. Diese stehen zusammen und schauen verwundert zum Himmel. An dieser Stelle können wir alle gemeinsam das **Lied „Als ich bei meinen Schafen wacht“** singen.
Danach spricht der Erzähler weiter, und die Hirten machen sich auf den Weg zum Stall. Wenn sie angekommen sind, knien sie vor der Krippe nieder.
Zum Schluß können wir gemeinsam **„Stille Nacht, heilige Nacht“** singen. Als Abschluß eignen sich auch andere Lieder, zum Beispiel „Christ ist geboren“ oder „Ihr Kinderlein, kommet“.

Seid fröhlich, ihr Kinder

Dieses Lied ist sicher nicht so bekannt. Deshalb sollten vor Beginn des Krippenspiels kleine Liedzettel an die Zuschauer verteilt werden, damit alle mitsingen können. Eine gelungene Einstimmung nimmt den jungen Schauspielern das Lampenfieber.

SEID FRÖHLICH, IHR KINDER

Alter
ab 4 Jahre
Teilnehmer
Darsteller und Zuschauer

überliefert

2. Seid fröhlich, ihr Kinder, und singt voller Freud
und saget dem Heiland: „Mein Herz ist bereit.
Komm du in mein Leben, dein will ich nun sein!"
Dann könnt ihr euch heute und jeden Tag freun.

Schneeflockenkind

Der Winterwald verbirgt zarte und zauberhafte Gestalten. So zum Beispiel das Schneeflockenkind, das mit Begeisterung tanzt. Während sich die Schneeflocke „schwebend“ durch den Raum bewegt, können die Kinder beispielsweise das Lied „Schneeflöckchen, Weißröckchen“ singen. Sabine, die kleine Ballettratte, hat nur für das Foto auf Seite 96 ihren Tanz unterbrochen.
Dort steht auch wie die Kleidung hergestellt wird.

SCHNEEFLOCKENKIND

Alter
ab 5 Jahre
Zeit
etwa 15 Minuten
Material
Stirnband
Schminkschwämmchen
Wasserschminke in Weiß und Blau
Schminkpinsel
helle Glittercreme

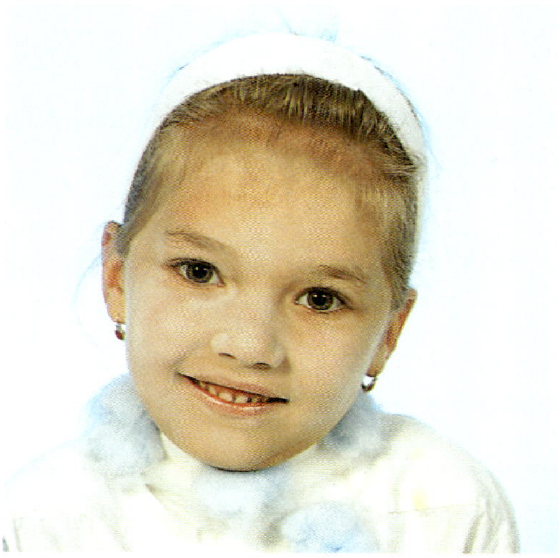

1. Damit die Haare beim Schminken nicht stören, binden wir sie mit einem Stirnband zurück. Mit einem feuchten Schminkschwämmchen entnehmen wir etwas weiße Farbe aus dem Näpfchen und tragen sie sparsam auf das Gesicht auf.

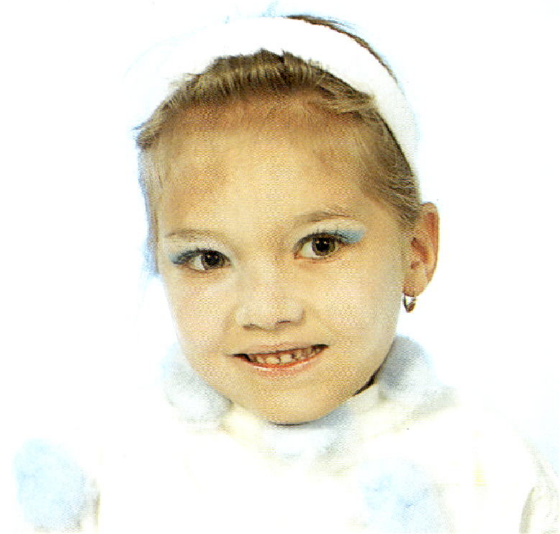

2. Für das Augen-Make-up tragen wir zunächst mit dem Schwämmchen weiße Wasserschminke auf das gesamte Oberlid auf. Die blaue Schminke streichen wir mit dem Pinsel entlang der Wimpern auf das Lid auf. Die äußeren Augenwinkel dürfen ruhig etwas kräftiger ausgemalt werden.

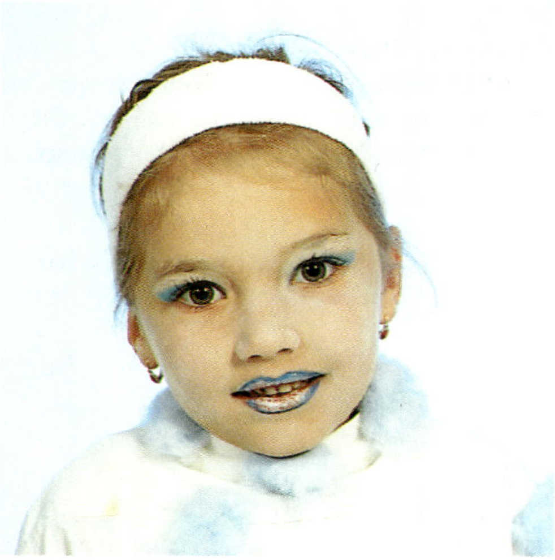

3. Mit einem Schminkpinsel und blauer Wasserschminke umranden wir sorgfältig unsere Lippen. Anschließend malen wir sie blau aus. Auf die Lippenmitte streichen wir mit einem Pinsel zusätzlich etwas helle Glittercreme.

4. Für die Haare nehmen wir mit nassen Fingern etwas blaue Wasserschminke auf und kneten sie strähnchenweise ein.

Das Märchen vom Schneeflockenkind

Märchen faszinieren Kinder immer wieder, besonders wenn sie vorgelesen werden. Selbst der unruhigste Lausbub sitzt still und lauscht dem Erzähler.

In einem Eispalast im tiefverschneiten Winterwald wohnte einst eine wunderschöne Eisprinzessin. Sie war unvorstellbar reich und hatte alles, was ihr Herz begehrte. Doch sie wurde immer unzufriedener, beschimpfte ihre Diener und ließ ihre Launen an den Hofdamen aus. Keiner konnte es ihr recht machen. Die Hofnarren hatten es schwer, sie zu unterhalten, denn lachen konnte die Prinzessin nicht mehr.
Eines Wintertages saß sie gelangweilt am Fenster und schaute dem Schneetreiben zu. Plötzlich landete ein Schneeflockenkind auf dem Fensterbrett. Die Eisprinzessin traute ihren Augen nicht, als sie sah, wie es vor ihren Augen einen wunderschönen Tanz aufführte. Niemals zuvor hatte die Eisprinzessin jemanden so tanzen gesehen.
Von dem leichten Drehen und Schweben war sie ganz hingerissen und applaudierte, wie es die Hofnarren schon lange nicht mehr erlebt hatten. Wie von Sinnen lief sie aus dem Palast, um das Schneeflockenkind aus nächster Nähe anzuschauen. Sie war so entzückt, daß sie das Schneeflockenkind in ihren Palast bat. Es sollte Tänzerin bei Hofe werden.
Da mußte das Schneeflockenkind lachen. Es erklärte der Eisprinzessin, daß Schneeflockenkinder nicht zu kaufen seien. Die Prinzessin wurde ärgerlich, denn sie glaubte so reich zu sein, daß sie sich alles auf der Welt kaufen könne. Das Schneeflockenkind versuchte ihr zu erklären, daß es in Gefangenschaft aus Trauer schmelzen würde. Die Eisprinzessin wollte es nicht glauben, ließ das Schneeflockenkind von ihren Dienern in den Palast bringen und befahl ihm zu tanzen.
Das Schneeflockenkind bewegte sich zunächst wie gewohnt im Kreise, doch mit jeder Drehung wurde es langsamer und schmolz von Sekunde zu Sekunde. Schon nach wenigen Minuten war es verschwunden. Als die Eisprinzessin das sah, erschrak sie sehr. Das hatte sie nicht gewollt.
Von nun an sah sie oft nachdenklich dem Schneetreiben vor dem Fenster zu und wartete darauf, ob vielleicht wieder ein Schneeflockenkind auf ihrer Fensterbank landen und sie mit seinem Tanz erfreuen würde.
Sie hatte erkannt, daß selbst eine reiche Eisprinzessin nicht alles kaufen kann. Von da an freute sie sich an vielen Dingen, selbst wenn sie nicht ihr gehörten.

(Wilma Stelzhammer)

DAS MÄRCHEN VOM SCHNEEFLOCKENKIND

Alter
ab 4 Jahre
Teilnehmer
1 Erwachsener als Erzähler
Kinder als Zuhörer

Hut des Schneeflockenkindes

HUT DES SCHNEEFLOCKEN-KINDES

Alter
ab 5 Jahre (mit Hilfe eines Erwachsenen)
Zeit
etwa 20 Minuten
Material
Maßband
Schere
Lineal
Bleistift
blauer Tonkarton
Klebstoff
Topfdeckel (22 cm Durchmesser)
weiße Wattebällchen

Es gibt zahlreiche Hutformen, einige davon werden in diesem Buch vorgestellt, so zum Beispiel der Zylinder oder der Spitzhut. Das Schneeflockenkind trägt einen Hut ohne Krempe, dafür ist der Hutdeckel um so größer.

1. Wir messen mit dem Maßband zunächst unseren Kopfumfang. Dann schneiden wir aus Tonkarton einen ungefähr 11 cm breiten Streifen, der um etwa 1,5 cm länger ist als unser Kopfumfang. An einer Längsseite ziehen wir 1 cm vom Rand entfernt eine Linie. Bis zu dieser Linie schneiden wir Dreiecke heraus, wir erhalten Klebelaschen.

2. Wir bestreichen eine Schmalseite des Streifens mit Klebstoff (etwa 1,5 cm breit) und kleben die Enden des Ringes zusammen.

3. Den Topfdeckel legen wir auf Tonkarton, umfahren mit einem Bleistift den Rand und schneiden den gezeichneten Kreis heraus.

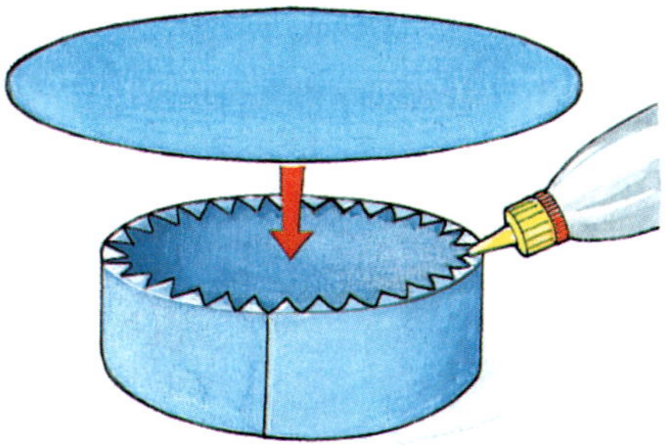

4. Den gezackten Rand des Kartonstreifens biegen wir leicht nach innen und bestreichen ihn mit Klebstoff. Dann kleben wir den Hutdeckel darauf, die Laschen drücken wir von innen fest an den Kreis.

5. Ist der Klebstoff richtig trocken, kleben wir viele weiße Watteböllchen auf dem Hut fest.

Bluse des Schneeflockenkindes

Die Kleidung des Schneeflockenkindes ist selbstverständlich weiß. Damit sich die zarten Wattetupfen etwas vom Untergrund abheben, werden hellblaue Watteballchen aufgeklebt. Wenn das Schneeflockenkind lieber nur weiße oder rosa Tupfen hätte, so darf es natürlich auch diese nehmen. Erlaubt ist, was gefällt.

BLUSE DES SCHNEEFLOCKEN-KINDES

Alter
ab 4 Jahre
Zeit
etwa 20 Minuten
Material
altes, weißes Oberhemd
oder T-Shirt
Wattestrang
(etwa 25 cm lang)
Stoffkleber
hellblaue Wattebällchen

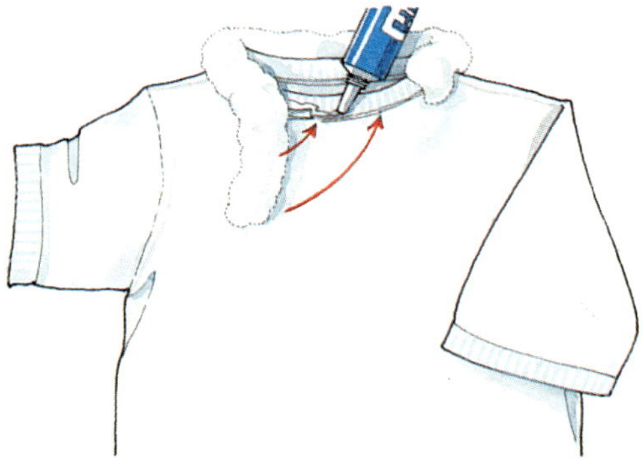

1. Zuerst kleben wir auf den Hemdkragen oder um den Ausschnitt des T-Shirts den Wattestrang mit Stoffkleber fest.

2. Die blauen Wattebällchen verteilen wir nun auf dem Hemd und fixieren sie mit etwas Stoffkleber. Es sieht schicker aus, wenn wir das Hemd mit der Knopfleiste nach hinten anziehen.

Rock des Schneeflockenkindes

Für den Rock wird Kreppapier verwendet. Soll der Rock strapazierfähiger sein, kann man auch weißen Tüll nehmen. Die Falten werden dann mit Nadel und Faden fixiert und die Wattebällchen mit wenigen Stichen aufgenäht.

ROCK DES SCHNEEFLOCKEN-KINDES

Alter
ab 4 Jahre (mit Hilfe eines Erwachsenen)
Zeit
etwa 20 Minuten
Material
weißes Kreppapier
Lineal
Schere
hellblaue Wattebällchen
weißer Wattestrang
(etwa 50 cm lang)
Klebstoff
Bürohefter
Sicherheitsnadel

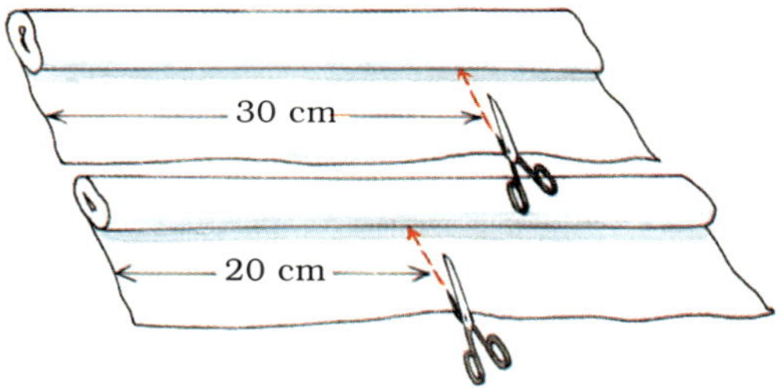

1. Wir schneiden von der Kreppapierrolle einen 20 cm und einen 30 cm breiten Streifen ab.

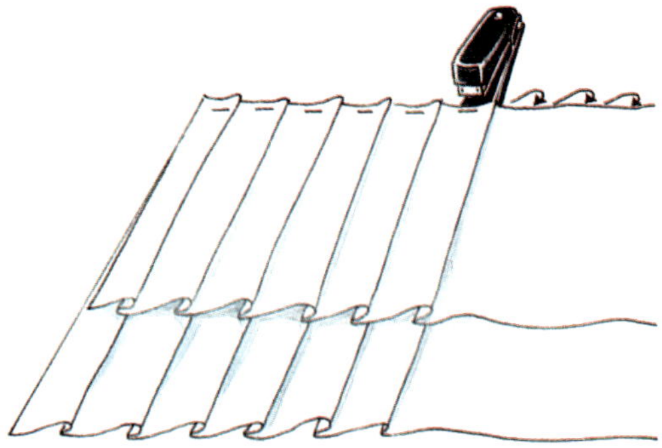

2. Nun legen wir beide Streifen auseinandergefaltet aufeinander. Wir legen 5 cm breite Falten, die wir mit Heftklammern am oberen Ende fixieren. Das setzen wir fort, bis der gesamte Doppelstreifen in gleichmäßige Falten gelegt ist.

3. Anschließend legen wir unseren Rock um die Hüften, schlagen ihn hinten etwas übereinander, markieren die richtige Paßform und schneiden den Überschuß weg. Hierbei hilft uns ein Erwachsener, da dieser Arbeitsschritt nicht ganz leicht ist.

4. Jetzt kleben wir über die Heftklammern den Wattestrang. Unsere blauen Wattebällchen kleben wir auf dem Rock fest.

5. Zum Verschließen des Rockes verwenden wir eine Sicherheitsnadel. Den Verschluß drehen wir natürlich so, daß er hinten ist.

Eisprinzessin

Im Eispalast des Winterwaldes wohnt die unglückliche Eisprinzessin, die das Schneeflockenkind beim Tanz beobachtet (die Geschichte steht auf Seite 95). Die verwendeten Materialien und die Farben betonen das „kühle" Wesen der Prinzessin. Viktoria ist so in der Rolle aufgegangen, daß sie selbst für ein Foto nicht lacht.

EISPRINZESSIN

Alter
ab 6 Jahre
Zeit
etwa 30 Minuten
Material
Stirnband
Schminkschwämmchen
Wasserschminke in Blau, Silber und Weiß
Schminkpinsel
Glittercreme
Creme
silberfarbige Sternchen
hellblauer Lidschatten
Puderpinsel

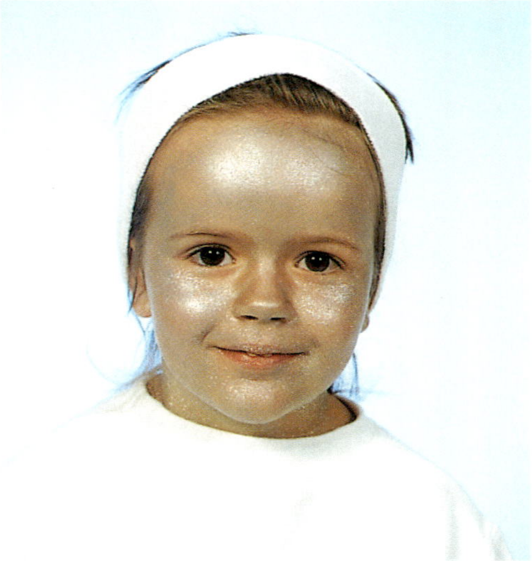

1. Damit die Haare beim Schminken nicht stören, binden wir sie mit einem breiten Stirnband aus dem Gesicht. Wir feuchten unser Schminkschwämmchen an, drükken es gut aus, nehmen damit silberfarbene Wasserschminke aus dem Näpfchen auf und tragen sie auf Gesicht und Hals auf.

2. Mit einem Schminkpinsel und blauer Wasserschminke ziehen wir nun je eine Linie von den äußeren Augenwinkeln bis zu den Schläfen. Je eine weitere Linie verläuft von der Nasenwurzel schräg nach oben bis zum Haaransatz. Die Fläche zwischen diesen Linien malen wir mit weißer Wasserschminke aus.

3. Nun verlängern wir die unteren blauen Striche, indem wir je eine Linie unterhalb des Auges bis zu den inneren Augenwinkeln und von dort bis zu den Nasenflügeln malen. Jetzt streichen wir Glittercreme über die Wangenknochen und über alle blauen Linien. Dadurch wirken die blauen Linien heller.

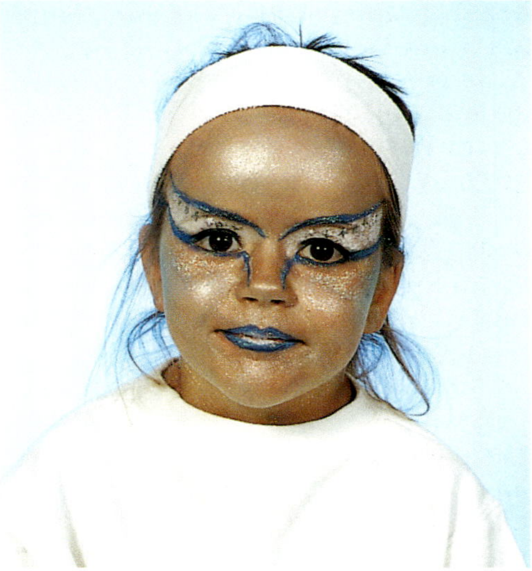

4. Mit einem Schminkpinsel und blauer Wasserschminke umranden wir unsere Lippen. Anschließend malen wir sie blau aus. Auf die Lippenmitte pinseln wir noch etwas weiße Wasserschminke. So wirken die Lippen richtig eisig. Damit die Lippen noch geheimnisvoller erscheinen, geben wir ein bißchen Glittercreme darauf.

5. Unter die schräg nach oben verlaufende Augenbrauenlinie kleben wir kleine Silbersternchen, die wir zuvor ganz leicht in Creme drücken. Auf die Wangen können wir mit einem Puderpinsel hellblauen Lidschatten auftragen.

6. Die Haare stylen wir mit etwas blauer Wasserschminke, die wir strähnchenweise einkneten. Damit die Haare glitzern, streichen wir Glittercreme ins Haar. Die Kleidung ist auf Seite 100 beschrieben.

Märchenwesen malen

Dieses Malspiel kann jederzeit gespielt werden, da es kaum Vorbereitung verlangt. Das Zeichenblatt sollte je nach Anzahl der Kinder vorgefaltet werden, damit der zur Verfügung stehende Zeichenraum für jedes Kind gleich groß ist.

Jedes Kind denkt sich ein Märchenwesen aus, sagt den anderen aber nicht, für was es sich schließlich entschieden hat.
Dann malt das erste Kind hinter vorgehaltener Hand den Kopf seiner Märchenfigur. Ist es fertig, faltet es das Bild nach innen, so daß nur noch der Halsansatz zu sehen ist.
Das nächste Kind darf nun den Oberkörper zeichnen. Wenn es fertig ist, faltet es das Blatt wieder ein Stückchen ein und gibt es weiter. Jetzt ist eine Hose oder ein Rock dran. Dann kommen noch die Beine und Füße.
Wenn wir nun die Zeichnung auseinanderfalten, wird ein seltsames Wesen zum Vorschein kommen. Vielleicht können wir noch herausfinden, an welche Wesen die Kinder beim Malen gedacht haben.

MÄRCHENWESEN MALEN

Alter
ab 5 Jahre
Teilnehmer
2 Kinder bis maximal 8 Kinder je Zeichenblatt
Material
Zeichenpapier
Buntstifte

Diadem der Eisprinzessin

DIADEM DER EISPRINZESSIN

Alter
ab 4 Jahre
Zeit
etwa 30 Minuten
Material
Bleistift
Pauspapier
silberfarbener Karton
Schere
Sticker, Straßsteinchen oder Modeschmuckteilchen
Klebstoff
breites Gummiband (3 cm lang)
Bürohefter

Die Prinzessin trägt einen kostbaren Haarreifen, der mit vielen Edelsteinen besetzt ist. Wenn die Prinzessin lieber eine kleine Krone tragen möchte, kann sie sich einen Kopfschmuck nach der Anleitung für die Brautkrone der Amsel (Seite 19) basteln.

1. Vom Bogen übertragen wir die Vorlage für das Diadem auf den silberfarbenen Karton und schneiden es aus (Anleitung auf Seite 9).

2. Jetzt können wir bereits mit dem Verzieren beginnen. Dazu legen wir unsere Sticker, Modeschmuckteilchen oder Straßsteinchen vor uns hin und überlegen uns deren Anordnung. Dann befestigen wir die Teile mit Klebstoff.

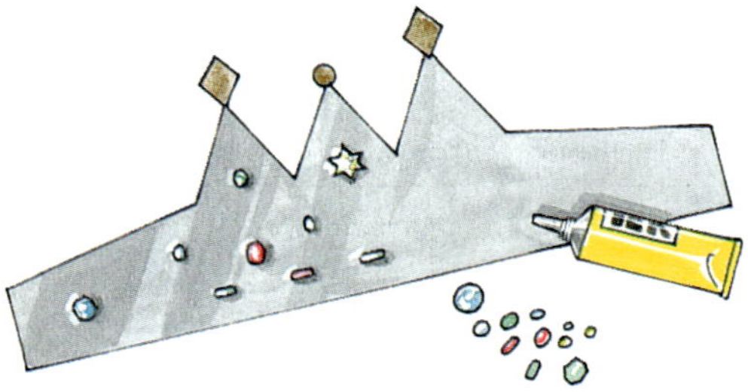

3. Damit das Diadem einen guten Halt bekommt, klammern wir zwischen den Enden ein Stück Gummiband fest.

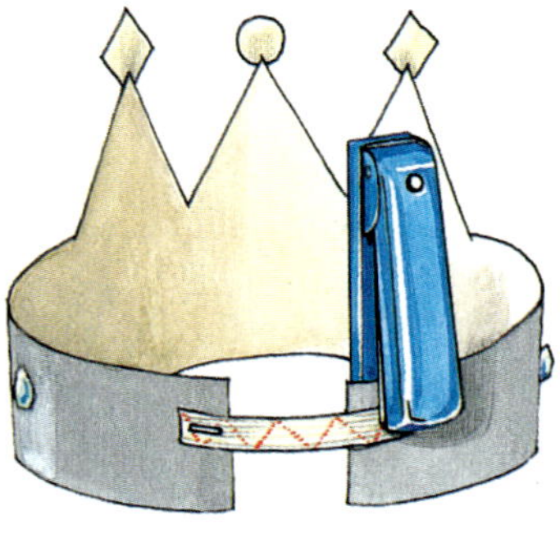

Kleid der Eisprinzessin

KLEID DER EISPRINZESSIN

Alter
ab 4 Jahre (mit Hilfe eines Erwachsenen)
Zeit
etwa 20 Minuten
Material
weiße Bekleidung, zum Beispiel weiße Strumpfhose und weißes T-Shirt
großer, durchsichtiger Plastiksack (Reinigung)
Schere
Klarsichtfolie (Allzweckplane oder Frischhaltefolie)
transparentes Klebeband

Ganz durchscheinend ist das Kleid der schönen Eisprinzessin, als sei es tatsächlich aus Eis gefertigt. Da die Plastikfolie sich nicht ganz problemlos schneiden läßt, sollte ein Erwachsener helfen.

1. Für das durchsichtige Überkleid schneiden wir Löcher (für den Kopf und für die Arme) in einen Plastiksack und ziehen ihn anschließend über. Wenn der Sack zu lang ist, schneiden wir ihn auf die richtige Länge zurück. Nun ziehen wir das „Kleid" wieder aus und legen es auf einen Tisch.

2. Von der Klarsichtfolie schneiden wir ein etwa 20 cm langes Stück ab. Dieses raffen wir in der Mitte, so daß eine Schleifen- oder Schmetterlingsform entsteht. Wir umwickeln die Schleife in der Mitte mit Klebeband und befestigen sie am Kleid. Die Breite der Folie oder Plane ist hier unerheblich. Je breiter die Folie ist, desto fülliger und größer wird die Schleife.

3. Wir können auch unterschiedlich große Schleifen basteln und uns eine bestimmte Anordnung überlegen. Zum Beispiel können die Schleifen am Oberkörper klein sein und nach unten hin größer werden. Oder wir verteilen große und kleine Schleifen auf dem ganzen Kleid. Eine Riesenschleife ziert das Oberteil des Kleides unserer Eisprinzessin, auf dem Rock sind viele kleine Schleifen verteilt. Auch trägt sie eine Schleppe aus Allzweckfolie.

Fingernägel der Eisprinzessin

Wer will, kann sich zu dieser Verkleidung noch spitze Fingernägel basteln, die fast wie Eiszapfen aussehen. Diese Fingernägel lassen sich leicht abnehmen und wieder aufstecken.

1. Wir brauchen fünf Streifen Alufolie, die jeweils etwa 12 cm breit sein sollen. Wir markieren die Streifengröße mit Lineal und Faserschreiber auf der Folie und schneiden die Streifen ab.

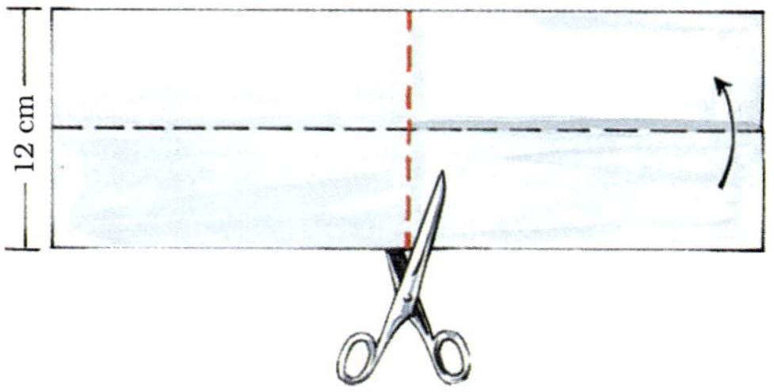

2. Jetzt falten wir die Streifen längs zusammen. Danach legen wir die schmalen Seiten eines Streifens aufeinander und finden so die Mitte. Hier schneiden wir durch. Genauso gehen wir bei den übrigen Alustreifen vor und erhalten so zehn – also für jeden Finger einen.

3. Wir wickeln jetzt um jeden Finger einen Streifen Folie und drehen oder drücken ihn zu einer Spitze. Dabei achten wir darauf, daß die glänzende Seite außen liegt.

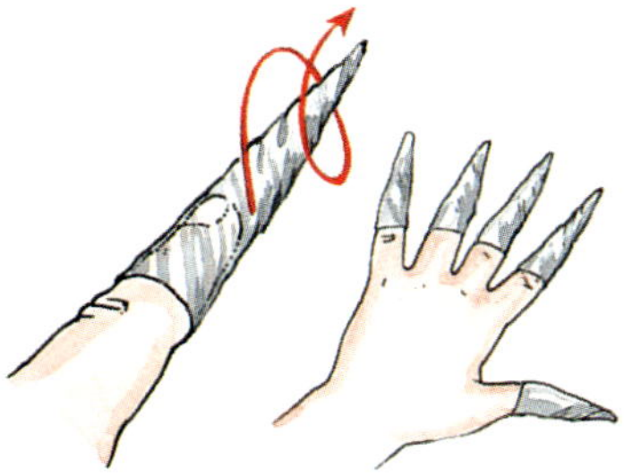

FINGERNÄGEL DER EISPRINZESSIN

Alter
ab 4 Jahre
Zeit
etwa 15 Minuten
Material
Alufolie
Lineal
Faserschreiber
Schere

Das lustige Augustinchen

DAS LUSTIGE AUGUSTINCHEN

Alter
ab 4 Jahre
Zeit
etwa 15 Minuten
Material
breites Stirnband
Schminkschwämmchen
Schminkpinsel
Wasserschminke in Weiß, Schwarz, Rot, Gelb und Hellblau
Clownsnase

Mit dem Karneval (auch Fastnacht oder Fasching genannt) geht der Winter zu Ende. Bevor für gläubige Christen die Fastenzeit (sie dauert bis zum Osterfest) beginnt, dürfen sich alle noch einmal so richtig austoben. Wenn es um Fröhlichkeit geht, sind Clowns immer dabei, so auch Augustinchen. Die Schminkanleitung eignet sich nicht nur für Mädchen, sondern selbstverständlich auch für Jungen. Das kleine Foto zeigt Vera vor ihrer Verwandlung zum Clown.

1. Zunächst binden wir uns die Haare mit dem Stirnband aus dem Gesicht, damit sie beim Schminken nicht stören. Dann feuchten wir unser Schminkschwämmchen mit Wasser an und drücken es gut aus. Wir entnehmen mit ihm weiße Wasserschminke aus dem Näpfchen und tupfen sie gleichmäßig auf das Gesicht auf.

2. Augen und Mund umranden wir, wie auf dem Foto zu sehen, mit schwarzer Wasserschminke; dazu verwenden wir einen dünnen Pinsel.

3. Den Mund malen wir, ebenfalls mit dem Pinsel, mit roter Schminke aus. Den oberen Augenbereich schattieren wir an der einen Seite mit gelber, an der anderen Seite mit hellblauer Farbe. Oben wird die Farbe jeweils intensiver aufgetragen, nach unten hin wird sie nur dünn aufgetupft.

4. Nun geben wir noch einen weißen Farbtupfer seitlich neben unseren Mund. Dann setzen wir uns die knallrote Clownsnase auf.

5. Zur Vervollständigung binden wir uns ein paar einfache Zöpfchen und schmücken sie mit einigen bunten Geschenkbändern.

Clownshütchen

Als Clown darf man bei der Auswahl oder der Herstellung des Kopfschmucks besonders kreativ sein, da zu dieser Verkleidung fast alle lustigen Kopfbedeckungen gut passen. Dies witzige Hütchen ist schnell gebastelt.

1. Um die Hutkrempe herzustellen, stellen wir zunächst ein großes Glas mit der Öffnung nach unten auf den Karton und zeichnen den Glasrand nach. Wir schneiden den Kreis aus.

2. Den Fruchtquarkbecher befestigen wir mit Klebstoff (mit der Becheröffnung nach unten) so auf dem Kartonkreis, daß ein kleiner Hut entsteht.

3. Damit das Hütchen nicht vom Kopf fallen kann, befestigen wir ein Gummiband an der Krempe. Dazu stechen wir rechts und links (nah am Becher) zwei Löcher in die Krempe, ziehen das Gummiband hindurch und knoten es fest. Oder wir nehmen den Bürohefter und klammern die Enden des Gummibandes an die Krempe. Hierbei sollte ein Erwachsener helfen.

4. Zum Verzieren kleben wir viele bunte Papierreste oder Luftschlangen auf den Hut.

CLOWNSHÜTCHEN

Alter
ab 4 Jahre (mit Hilfe eines Erwachsenen)

Zeit
etwa 20 Minuten

Material
großes Glas
farbiger Karton (etwa 15 cm x 15 cm)
Bleistift
Schere
kleiner Fruchtquarkbecher
Klebstoff
Hutgummi (etwa 40 cm)
Bürohefter
bunte Papierreste, Luftschlangen

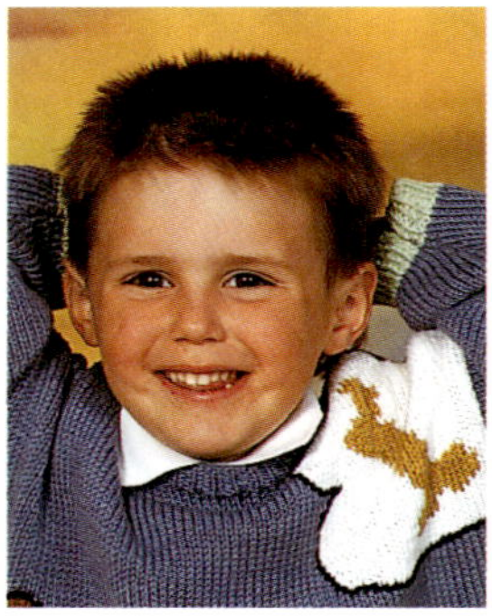

Spitzhutclown

Im Zirkus ist der Clown mit dem Spitzhut oft der klügere, während die anderen Clowns mit Strubbelhaar und Glatze immer die Arbeit in der Clownsnummer erledigen müssen. Der Spitzhutclown trägt meist einen Overall mit kleiner Halskrause. Schnittmuster für solch einen Overall sind in Nähzeitschriften und speziellen Musterbüchern (hauptsächlich während der Faschingszeit) zu finden. Roman hat sich bei einem Freund einen Overall ausgeliehen.

SPITZHUTCLOWN

Alter
ab 4 Jahre
Zeit
etwa 10 Minuten
Material
Stirnband
Schminkpinsel
Wasserschminke in Weiß, Schwarz, Rot, Gelb und Rosa
fertige Clownsnase

1. Wenn unsere Haare lang sind, binden wir sie mit einem Stirnband aus dem Gesicht. Bei kurzen Haaren ist das nicht nötig.

2. Mit einem Pinsel und schwarzer Wasserschminke malen wir eine Umrandung um Augen und Mund. Es ist nicht schlimm, wenn die Linien nicht ganz gleichmäßig ausfallen. Im Gegenteil, dies sieht sogar recht lustig aus.

3. Die Fläche um die Augen und um den Mund, natürlich nur bis zur Umrandung, grundieren wir mit weißer Wasserschminke. Den Mund malen wir uns leuchtend rot an.

4. Um die Augen noch etwas mehr zu betonen, tupfen wir um ein Auge gelbe Farbe, um das andere rosa Schminke. Dazu benutzen wir einen Pinsel. Das I-Tüpfelchen ist die Clownsnase. Sollten wir keine Clownsnase besitzen, malen wir uns einfach die Nase schön rot an.

Clownsperücke

Eine solche Haarpracht läßt sich schlecht am Rand des Spitzhutes anklammern (der Rand würde ausreißen). Deshalb wird aus einfachen Materialien eine Perücke hergestellt. Wie man den Spitzhut basteln kann, ist auf Seite 108 ausführlich beschrieben.

1. Das Obst- oder Gemüsenetz probieren wir zunächst an und schneiden es so zurecht, daß das Gesicht frei ist.

2. Wir legen den Luftballon in das Netz und blasen ihn darin auf. Hierbei hilft uns sicherlich auch ein Erwachsener. Den zugeknoteten Luftballon im Netz legen wir auf einen Kochtopf oder in eine Schüssel. So liegt er fest, und wir können gut weiterarbeiten.

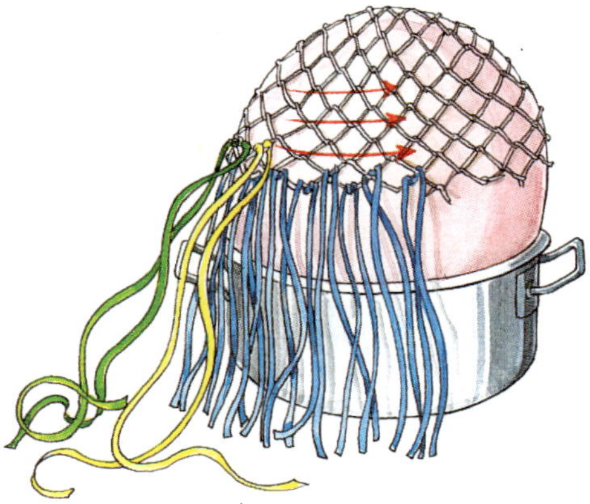

3. Wir knüpfen nun die bunten Geschenkbänder am Netz rundherum an. Dabei beginnen wir in der untersten Reihe. Für den vorderen Teil (Gesicht) unserer Perücke sollen die Bänder etwa 15 cm lang sein, die restlichen für den Hinterkopf etwa 50 cm. Es reichen insgesamt vier Bänderreihen, denn der Mittelteil der Perücke kann freibleiben. Wir setzen ja den Hut noch auf.

4. Zum Abschluß kräuseln wir die Bänder mit einer Schere. Den Luftballon nehmen wir heraus, denn unsere Perücke ist fertig.

CLOWNSPERÜCKE

Alter
ab 6 Jahre (mit Hilfe eines Erwachsenen
Zeit
etwa 1 Stunde
Material
Obst- oder Gemüsenetz aus weichem Material
Schere
Luftballon
Kochtopf oder Schüssel
Geschenkbänder in verschiedenen Farben

Pierrot

PIERROT

Alter
ab 5 Jahre
Zeit
etwa 20 Minuten
Material
Stirnband
Schminkschwämmchen
Wasserschminke in Weiß, Hellblau, Gelb, Rot und Schwarz
Schminkpinsel

Der Pierrot („Peterchen“) ist eine klassische Lustspielfigur und sehr gut für Pantomimenspiele geeignet. Er hat eine lachende und eine weinende Gesichtshälfte. Für uns ist Eva in diese Rolle geschlüpft.

1. Damit die Haare beim Schminken nicht stören, binden wir sie mit einem Stirnband aus dem Gesicht. Mit unserem feuchten Schminkschwämmchen und weißer Wasserschminke tragen wir die Grundierung auf das Gesicht auf. Dabei müssen wir darauf achten, daß das Schwämmchen nicht zu naß ist, sonst wird die Farbe fleckig. Danach umranden wir das Gesicht mit einer dicken schwarzen Linie.

2. Jetzt malen wir uns mit einem Pinsel und schwarzer Wasserschminke eine lustige und eine traurige Gesichtshälfte. Auf die lustige Seite malen wir uns eine hohe, auf die andere Seite eine ganz flache Augenbraue. Außerdem zeichnen wir auf der traurigen Seite noch einen schwarzen Tränenfluß und eine Träne auf die Wange.

3. Die lustige Augenbraue betonen wir, indem wir gelbe Wasserschminke rund ums Auge auftragen. Das traurige Auge ummalen wir blau. Sowohl die gelbe wie auch die blaue Wasserschminke werden mit einem Pinsel aufgetragen.

4. Nun malen wir uns noch den Mund an. Wir verlängern die Mundwinkel waagerecht nach außen. Das „Herzchen“ der Oberlippe malen wir ganz exakt nach. Dafür verwenden wir einen Pinsel und rote Wasserschminke.

Halskrause für den Pierrot

Die Kleidung des Pierrots ist ganz schlicht. Er trägt eine schwarze Hose oder Leggins und ein schwarzes T-Shirt. Typisch für den Pierrot ist die Halskrause, die natürlich nicht fehlen darf.

1. Wir markieren mit Bleistift und Lineal auf dem Kreppapier einmal eine Breite von 15 cm und einmal von 20 cm. Nun schneiden wir zwei Streifen in diesen Breiten in voller Länge aus dem Kreppapierbogen.

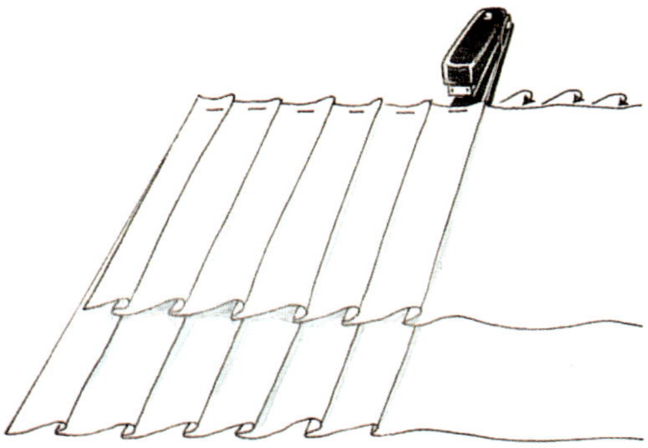

2. Die beiden Streifen legen wir aufeinander und falten immer 5 cm der Länge nach ein. Mit dem Bürohefter befestigen wir die so entstandenen Falten am oberen Rand.

3. Diesen Rand biegen wir nach innen, damit die geklammerte Kante schön glatt ist.

4. Die Kreppapierkrause legen wir nun um den Hals. Falls sie zu groß ausfällt, schneiden wir den Überschuß einfach weg. Es sieht besser aus, wenn unsere Krause auf dem Rücken geschlossen wird. Dazu klammern wir die Enden aneinander. Sicher hilft uns ein Erwachsener dabei.

HALSKRAUSE FÜR DEN PIERROT

Alter
ab 5 Jahre
Zeit
etwa 20 Minuten
Material
weißes Kreppapier
Lineal
Bleistift
Schere
Bürohefter

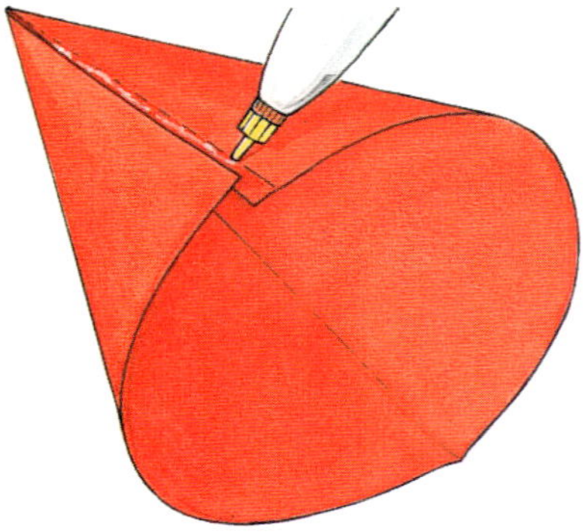

1. Wir übertragen die Vorlage für den Spitzhut (nach der Anleitung auf Seite 9) vom Vorlagebogen auf das doppelt gefaltete Tonpapier. Die eingezeichnete Bruchkante muß auf der Faltkante des Papiers liegen. Dann schneiden wir den Hut aus.

2. Wir zeichnen Kreise auf verschiedenfarbiges Tonpapier, indem wir mit einem Bleistift den Rand eines kleinen Glases umfahren. Die dadurch entstandenen bunten Tupfen schneiden wir aus und kleben sie auf die Hutgrundform.

3. Damit der Hut gut paßt, probieren wir ihn an und markieren, wie weit die Klebelaschen übereinandergeklebt werden müssen. Der Hut läßt sich viel besser schließen, wenn wir ihn etwas vorformen. Anschließend kleben wir ihn zusammen. Damit die Naht nicht aufspringt, fixieren wir sie mit einer Wäscheklammer, bis der Klebstoff durchgetrocknet ist.

SPITZHUT FÜR DEN CLOWN

Alter
ab 6 Jahre (mit Hilfe eines Erwachsenen)

Zeit
etwa 30 Minuten

Material
farbiges Tonpapier
Bleistift
Pauspapier
Schere
kleines Glas
Klebstoff
Wäscheklammer

Spitzhut für den Clown

Zu seiner Perücke trägt der Clown von Seite 104 einen Spitzhut. So ein schöner Hut braucht nicht gekauft zu werden. Die Kinder können den Hut meist ohne große Hilfe selbst herstellen. Und wenn es einmal Schwierigkeiten gibt, so wäre es nett, wenn ein Erwachsener bei dem einen oder anderen Arbeitsschritt behilflich ist.

Pierrothut

Obwohl der Spitzhut für den Clown und der für den Pierrot die gleiche Grundform haben, wirken sie durch die verschiedenen Materialien doch ganz unterschiedlich. Ein kleiner Tip: Der Pierrothut wird etwas enger zusammengedreht, so daß er spitzer wirkt.

1. Nach der Anleitung für den Spitzhut des Clowns schneiden wir aus schwarzem Tonpapier die Hutform zu. Nach der gleichen Anleitung schneiden wir die Form auch noch aus Alufolie aus und kleben sie auf das Tonpapier.

2. Nun zeichnen wir mit Bleistift vier Kreise auf das schwarze Tonpapier, indem wir den Rand des Glases nachzeichnen. Die Kreise schneiden wir anschließend aus und kleben sie untereinander auf die mit Alufolie bezogene Grundform.

3. Wir legen die leicht vorgeformte Grundform um den Kopf und markieren die richtige Größe. Am Markierungsstrich kleben wir den Hut zusammen. Damit der Kleber besser trocknen kann, fixieren wir die Naht mit einer Wäscheklammer.

4. Damit der Spitzhut nicht vom Kopf rutscht, befestigen wir noch Hutgummi am unteren Rand. Dazu stechen wir rechts und links ein Loch in das Papier (etwa 1,5 cm vom Rand entfernt) und knoten das Gummi fest.

5. Als besondere Verzierung kleben wir noch schwarze Marabufedern einer alten Boa um den Hutrand und auf die Spitze des Hutes.

PIERROTHUT

Alter
ab 6 Jahre
Zeit
etwa 30 Minuten
Material
schwarzes Tonpapier
Bleistift
Schere
Lineal
Klebstoff
Alufolie
kleines Glas
Wäscheklammer
Hutgummi
schwarze Federboa

Pantomimenspiel

Eine Situation oder einen Begriff pantomimisch, das heißt nur durch Gesten oder Mimik, aber ohne Worte, darzustellen, ist nicht ganz einfach. Die Zuschauer kommen meist aus dem Lachen nicht mehr heraus, müssen sich aber dennoch konzentrieren, um den Begriff zu erraten.

Ein Kind zeigt nur durch Gesten und Mimik, wen oder was es darstellen möchte. Es ist jedoch ratsam, sich zuvor auf einen Bereich zu einigen, aus dem etwas dargestellt werden soll, zum Beispiel: Schule, Kindergarten, Hausarbeit, Berufe, Tiere ... Das Kind, das den Begriff zuerst errät, darf sich als nächstes etwas ausdenken und vorspielen.

PANTOMIMENSPIEL

Alter
ab 5 Jahre
Teilnehmer
mindestens 2 Kinder

Bezugsquellen

KRYOLAN-Theaterschminken erhalten Sie u. a. in folgenden Fachgeschäften:

Georg Behrendt
Hauptstraße 18, 10827 **Berlin-Schöneberg**
Tel.: 0 30/7 81 12 53

Diabolo Versand
Neustädter Straße 2 b, 33602 **Bielefeld**

Fahrradladen und Balance GmbH
Kortumstraße 5, 44787 **Bochum**
Tel.: 02 34/1 20 51

Happy Ballon
Kölnstraße 8, 53111 **Bonn**

Confetti/Wolf KG
Fehrfeld 24, 28203 **Bremen**
Tel.: 04 21/7 75 09

Stilbruch
Kahlertstraße 18, 64293 **Darmstadt**
Tel.: 0 61 51/2 11 43 · Fax: 0 61 51/29 57 21

Studio Herrich
Rähnitzgasse 20 B, 01097 **Dresden**

Schminklädchen
Bilker Allee 46, 40219 **Düsseldorf**
Tel./Fax: 02 11/38 18 50

Naseweiß
Hölderlinstraße 27, 60316 **Frankfurt**
Tel.: 0 69/49 33 04

Pappnase & Co.
Grindelallee 92, 20146 **Hamburg**
Tel.: 0 40/44 97 39

Pappnase & Co.
EKZ, Hamburger Straße 47, 22083 **Hamburg**
Tel.: 0 40/2 99 77 96

Société de Maquillage Prof. Guido Lütz
Eulenstraße 62, 22765 **Hamburg**

Henry's GmbH
Adlerstraße 27 a, 76133 **Karlsruhe**
Tel.: 07 21/35 94 03 · Fax: 07 21/35 94 04

Ute Zimmermann
Im Speitel 39, 76229 **Karlsruhe**
Tel.: 07 21/46 89 82

Balla-Bala GmbH
Zülpicher Straße 39, 50674 **Köln**
Tel.: 02 21/24 39 84

Maske Make-up Art, Bernd Bauer
Alfred-Schütte-Allee 168, 51105 **Köln**
Tel.: 02 21/83 49 40

Theater-Drogerie Bussard
Am Alten Posthof 8, 50667 **Köln**

Kosmetik Schöner
Kaufinger Straße 33, 80331 **München**
Tel.: 0 89/29 65 29

Pappnase & Co.
Rosenheimer Straße 5, 81667 **München**
Tel.: 0 89/4 48 17 71

Luftikus
Warendorfer Straße 5, 48145 **München**
Tel.: 02 51/4 76 15

Zauberladen
Bergstraße, 90403 **Nürnberg**

Flic Flac
Bleicherstraße 3, 26122 **Oldenburg**
Tel.: 04 41/2 55 66

Schabernack
Neuer Graben 15, 49074 **Osnabrück**
Tel.: 05 41/2 34 36 · Fax: 05 41/25 83 34

Ballett-Tanz-Mode Gabriele Lutz
Marienstraße 19, 70178 **Stuttgart**
Tel.: 07 11/60 63 00 · Fax: 07 11/6 40 75 04

Die Keule
Altrottstraße 44, 69190 **Walldorf**
Tel.: 0 62 27/46 72

Spaß + Spiel
Rottendorfer Straße 3, 97072 **Würzburg**

Österreich und Schweiz

Blond & Braun
Franz-Sauer-Straße 46, A-5020 **Salzburg**

Fritz Brenig
Magdalenenstraße 22, A-1060 **Wien VI**

Toni Oetterli
Seefeldstraße 4, CH-4000 **Basel**

Coidro AG
Untergasse 4, CH-6064 **Kerns**
Tel.: 0 41/66 71 50 · Fax: 0 41/66 79 09

Register